U0512318

育见未来
家庭教育十人谈

Nurturing the Future
Ten Forums on Parenting Education

杨雄 主编

上海人民出版社

图书在版编目(CIP)数据

育见未来 ：家庭教育十人谈 / 杨雄主编. -- 上海 ：
上海人民出版社，2024. -- ISBN 978-7-208-18964-5

Ⅰ. G78

中国国家版本馆 CIP 数据核字第 2024LW5866 号

责任编辑　罗俊华
封面设计　夏　芳

育见未来:家庭教育十人谈

杨　雄　主编

出　　版　上海人民出版社
　　　　　　（201101　上海市闵行区号景路 159 弄 C 座）
发　　行　上海人民出版社发行中心
印　　刷　上海商务联西印刷有限公司
开　　本　890×1240　1/32
印　　张　8
插　　页　4
字　　数　156,000
版　　次　2024 年 8 月第 1 版
印　　次　2024 年 8 月第 1 次印刷
ISBN 978 - 7 - 208 - 18964 - 5/G · 2194
定　　价　48.00 元

编委会名单

编委会主任：张庆玲　杨　雄

编委会成员：顾秀娟　薛　蕾　郑思晨　郁琴芳

　　　　　　　翟　宁　郭　颢　魏莉莉

主　　编：杨　雄

执 行 主 编：魏莉莉

青少年社会情感教育刻不容缓

（代序）

杨　雄

最近，青少年学生"校园欺凌"事件有所上升，从一个侧面反映了家庭教育的重要性。时下加强青少年学生社会与情感能力的训练、培养刻不容缓。什么是社会情感能力？它是指个体在社会互动中表现出的情感智力，包括情绪管理、自我意识、自我激励、社交技巧和人际关系管理等方面的能力。2019 年，经济合作与发展组织（OECD）在世界范围开展了青少年社会与情感能力研究的国际大规模测评。该研究主要借鉴"大五人格"模型，从任务能力（尽责性）、情绪调节（情绪稳定性）、协作能力（宜人性）、开放能力（开放性）和交往能力（外向性）五个方面建构社会与情感能力测评框架。每个维度又分为三个方面，任务能力包括责任感、毅力和自控力；情绪调节包括抗压力、乐观和情绪控制力；协作能力包括共情、信任和合作；开放能力包括包容度、好奇心和创造性；交往能力包括乐群、果敢和活力。当前时代背景下，对青少年社会与情感能力的培养，迫切需要引起各方的关注并采取有效举措。

一、 社会情感教育事关青少年一生幸福

儿童青少年阶段是人的社会与情感能力形成的关键期。 国际上多项研究表明，社会情感教育对青少年的心理健康水平、社交技能和人际关系、自尊和自我认知水平、学习动力和学业成绩等都会带来积极影响。

情绪稳定性是社会与情感能力的一个重要指标。 经合组织在其研究报告指出，情绪调节对儿童和青少年的人生发展具有重要意义，与许多生活结果变量如教育期望、考试焦虑、生活满意度、幸福感与健康等密切相关。 如果青少年的社会与情感能力和情绪调节能力不足，当面对环境变化或压力无法适应和调整时，他们就容易产生焦虑、压抑、悲观等负面情绪或心理问题。 实证研究已经验证，社会情感教育可以有效降低青少年学生的抑郁与焦虑水平。

社会情感教育对青少年提升社交技能和改善人际关系的作用也得到相关验证。 培养青少年的社会与情感能力能帮助他们发展情感智慧、社交技能、自我认知和解决问题的能力，以更好地应对生活中的情感挑战和社交压力。 有研究强调儿童早期的社会情感教育对孩子的社交技能和未来人际关系的重要性，早期具有较强社会与情感能力的个体，在成年后往往更容易取得学业和人际方面的成功。

心理学家谢利·泰勒(Shelley Taylor) 2017 年的一项研究关注社会情感教育对自尊和自我认知的长期影响，结果显示，

接受社会情感教育的学生在多年后仍然保持较高水平的自尊和自我认知水平。另外社会情感教育与学生的学业成绩之间也存在积极关联，有助于提高青少年的情感智力和解决问题的能力，接受社会情感教育的学生更倾向于积极参与学校活动，并能有效提升他们的学习动力。

二、 青少年社会与情感能力缺失的原因

当今时代变化快、不确定性增加等因素，不可避免地给青少年的成长带来一定压力。有不少孩子可能智商很高，智力开发很早，但是他们的社会与情感能力却比较低下。对于这种情况，有的家长没有给予足够重视，有的家长即使意识到问题的存在也不知该如何应对。为什么当今的青少年群体似乎更容易出现心理问题，或者更容易出现社会与情感能力缺失的情况？

一是社会转型和时代发展带来的影响。比如我国人口结构整体上呈现城市化、少子化、老龄化加速态势，给青少年一代的成长和发展带来一定挑战。当代青少年对高品质生活和精神生活的追求比起他们的父辈和祖辈往往更多，当这种追求一旦与现实发展的不平衡、不充分之间产生矛盾，就会无形中给他们带来压力。青少年的发展需求与国家社会的发展水平如果不相适应，则容易加重他们的心理焦虑。还有现在社会转型期存在的发展的不确定性、模糊性、不可预见性和变化性，也容易带给人心理的落差和焦虑。

青少年社会情感教育刻不容缓（代序）

二是过度竞争导致青少年群体增加了不同程度的心理抑郁与焦虑感。 当代青少年群体面临的学业压力可能是空前的，一方面是升学等激烈竞争带来的压力，另一方面是各方对孩子学业成绩的关注过多、期望过高、评价单一，也容易破坏儿童青少年的内在价值感和学习自驱力。 家长和老师应该有合理的期望，不过分强调竞争和成绩，鼓励学生追求自己的目标和爱好。 校家社各方也要注重孩子的身心健康和全面发展，给他们提供一个良好的教育生态和支持系统，包括提供心理咨询和治疗方面的服务，以帮助那些面临压力和焦虑的学生。

三是当代青少年群体社会交往减少、沟通能力弱化，容易出现孤独和无助等心理问题。 由于网络、智能手机的发展，导致青少年在现实中的社会化过程严重滞后。 现在很多孩子都是一个手机捧在手里，去解决所有问题，但线下的人际交往却大大压缩。 中国社会科学院的一份关于中国青少年社交状况的调查报告探讨了青少年的社交圈子、社交渠道等情况，有超过50%的受访者表示感到孤独。 人是社会化动物，不可能活在虚拟的网络中，而当代青少年对互联网的依赖和现实社会化交往的减少，无疑是造成这个群体社会与情感能力弱化的重要因素，也提醒全社会要加强对青少年社会与情感能力的培养。

三、 教师和家长合力提升孩子的社会与情感能力

青少年的心理问题和社会与情感能力弱化等问题，既不能

夸大也不能忽视，更不能简单地归因为家庭教育或者学校教育，这是一个需要各方努力、综合治理的问题。在培养青少年社会与情感能力的方法和途径上，建议学校和家庭可以采取以下措施。

第一，培养青少年的"钝感力"和"鲁棒性"。"钝感力"可理解为"迟钝的力量"。"钝感力"强的人，不会过于敏感，可以更加客观地看待问题，不被情绪左右，从而更好地判断事物本质。家长可以有意识地培养青少年的"钝感力"，帮助他们学会放下情绪，不要太在意别人的看法，不被过去所困扰，更好地把握现在。而"鲁棒性"是一个科学名词的音译，也叫"强健性""弹性力"。现实中，"鲁棒性"强的孩子往往有更强的心理弹性，不容易被困难和打击压垮，生活和学习适应能力更强。锻炼"鲁棒性"需要练习，比如安排一些适当打破常规的活动，可以促进儿童青少年更好地适应变化。

第二，关注孩子的情绪状态和心理健康。教师和家长在关注孩子学业的同时，也要重视孩子的情绪和心理变化，并引导孩子学会识别自己的情绪并及时调整。另外鼓励青少年建立平衡合理的时间表，确保他们在学习之余有充足的睡眠、运动和休息时间以缓解学业压力和紧张情绪。

第三，构建良好的亲子关系和家庭氛围。家庭是最好的对孩子进行情感教育的场所，温暖有爱的家庭是孩子得到安全感、缓解压力的最重要港湾。尤其是当青少年遭遇挫折或情绪低落时，如果能得到父母的理解、共情与支持，他们内心会产生更多的力量来面对挑战，帮助他们走出低谷和危机。 而父母的共情、倾听等也为孩子做了最好的榜样，无形中熏陶和培养了孩子的社会与情感能力。 另外要确保有足够的家庭时间，让家庭成员一起放松、交流和享受亲密关系。

第四，培养孩子的兴趣爱好，鼓励人际交往。 很多孩子对手机上瘾的原因之一是没有找到自己更感兴趣的事情，平时在生活中多观察和培养孩子的兴趣，帮助他找到自己真正热爱的有意义的事情，并鼓励孩子多进行真实的人际互动，多给他们创造实践活动和生活体验的机会，减少他们对虚拟网络社交的依赖。

第五，提供情绪管理、时间管理等方面的培训。 学校、家庭和社会不妨有意识地对孩子进行情绪管理的培训，教会他们调节情绪的方法，帮助他们有效应对学业和生活中的压力。 可以将社会情感教育纳入学校课程，帮助学生发展情感智力和人际关系技能。 家长要多给孩子自我管理的机会，教授青少年有效的时间管理技巧，让他们可以更自主地安排自己的学习和生活，从而拥有更多的掌控感和幸福感。 总之，社会与情感能力是 21 世纪核心素养不可缺少的组成部分，促进青少年社会情感能力能大大增加他们的亲社会行为、抗逆力和自信，大大减少他们的负面思考、情绪困扰、压抑和压力，能促进社会和平与经济发展。

为此，学校、家庭、社会与政府，通过建立平等、合作的关系，为青少年新一代身心的健康发展、终身学习奠定重要基础，为他们面向未来挑战做好准备。

在《育见未来——家庭教育十人谈》即将出版之际，写下如上思考，代为序。

杨雄，写于 2024 年 4 月 16 日于上海

目　录

健康成长的秘密

张人利等

　　张人利　全国最美教师，上海市静安区教育学院附属学校特级校长

　　杨雄　上海市家庭教育研究会首席专家，上海社会科学院社会学研究所二级研究员

　　堵琳琳　上海市风华初级中学教育集团特级校长

　　黄宇　中欧国际工商学院上海校友会亲子俱乐部副会长

　　单颖　苏州广播电视台《家长会》节目主持人

　　主持人：各位来宾，现场的各位家长朋友，大家下午好！

　　今天我们会聚在这里，见证了我们第 10 年的第 10 场活动，首先请允许我为大家介绍出席今天活动的各位领导和嘉宾，他们是：

　　上海市家庭教育研究会首席专家，上海社会科学院社会学研究所研究员杨雄

上海市家庭教育研究会秘书长姚爱芳

上海市妇联家儿部副部长薛蕾

全国最美教师、上海市静安区教育学院附属学校　特级校长张人利

上海市风华初级中学教育集团　特级校长堵琳琳

中欧国际工商学院上海校友会亲子俱乐部副会长黄宇

此外在现场还有长期关心支持我们上海家庭教育事业发展的各位朋友，让我们一并用最热烈的掌声欢迎现场所有嘉宾和各位家长朋友的到来，欢迎大家！

十年生根在教育，健康成长惠家庭。这十年非常不容易，它打开了一扇家庭教育的窗口，惠及我们广大家庭。今天，让我们首先有请全国最美教师张人利校长上台演讲，有请！

价值趋同，能力有异

张人利：都说父母有养育之恩，我以为养可能不难，难的是育。怎么育呢？我是个实践者，所以我想跟大家讲故事，第一个故事讲我自己，我原来是一个重点中学的校长，也是个高三毕业班教物理的老师，当时我们的高考叫"3＋1"，就是语文数学外语，还有一门是选修课。

高考午休时，一个高三的女同学找到我，张校长，我还有3道题不会做，你帮我想一下。我一看表，20分钟不到马上就要高考了，我说同学，我们做的题目够多了，现在需要休息，休

息对你高考的正常发挥可能更好。

小姑娘站着不走，还问我，万一下午考到了怎么办？ 问了不说，你能担当得起吗？ 我拿起笔帮她解。 等我全部解好也差不多考试了。 下午我作为主考官去巡视，巧了，真的有一道题目是刚才她问到的。 当时我感到很庆幸，幸好跟她说了，不然这小姑娘恨我一辈子。

全部考试结束，我在校门口遇到她，说小姑娘这次给你赚了 5 分，但是万万没想到，她摇摇头跟我说，张校长，你中午跟我讲的题目，我还是做错了。 我告诉你几个事实，第一，我肯定没讲错；第二，她肯定认真听了；第三，她脑子不笨，后来考进了医学院，为什么中午讲了下午就忘掉了？

各位家长，你遇到过这样的事吗？ 有多少家长都说我天天跟孩子说孩子就是不听，你知道她为什么不听？ 因为她不是听不清，她是听不懂，所以听不懂讲第二遍是没用的，家庭教育也是如此。

如果讲一遍她没听进去，你一定要分析为什么她没听进去。 我们所有的人，头脑里都不是空的，都有原有的知识、原有的经历，这些知识和经历，有的能帮助你掌握今天要讲的东西，有的和你今天要讲的东西完全相背。

何为灌输？ 何为启发？ 灌输就是管你听不听得懂，反正我已经告诉你了该做什么，没用。 何为启发？ 就要千方百计，要把你不管正确与否的想法，都要引导暴露出来，经过碰撞，再放到脑子里去，这样的教学才算有意义的，你的家庭

　　健康成长的秘密

教育也是如此。 你要了解他在想什么，如果你根本不了解他在想什么，讲得再多，实际一点用都没有。

我对小学一年级的家长说你不要老是说什么样，怎么做，你要装傻，你要问他，这个东西我不懂，你教我，这个东西到底怎么算对，你来跟我说，你要让他多说，只有当他说出来的时候，才可能变成他的行为。

接下来再讲一个故事，我们学校一个毕业生，小学读书平平，但是进了中学以后，突然对数学感兴趣得不得了，一天不做两三个小时数学浑身难受。 初三毕业就参加全国高中数学竞赛，获得二等奖，清华提前录取他不去，他说要到哈佛去。 他出国后到学校来，我们老师都说去问问他回来不回来，他跟我说，我到了美国才知道，世界上大多数规则都是美国人制定的，这不公平，将来我一定要增加中国人的话语权，我感到很欣慰，我认为他在哪里可能不那么重要，他这颗心是中国的。

我再讲一个故事，有个孩子成绩不好，是全班倒数。 但是他要争做小队长，他的竞选词是这样，同学们，我在这个学校已经8年了，我很爱这个学校，我更爱这个班级。 虽然我的成绩不好，但是我很想为这个集体多做些事情。 因为他成绩不好，放学以后语文老师叫他补课，数学老师叫他补课，我亲眼看到补课之后他还要回到班级把地上的纸屑捡起来，再把座位摆齐。 毕业典礼上，我唯一表扬的就是这位学生，我说毕业以后希望他常回来看看，母校欢迎他。

我讲的这几个故事，说明人是有差距的。 所以，要因材施教。 我们学校作业分层，怎么想到分层的？ 就是我们考进哈佛的这个人，我问他，我们学校给了你什么呢？ 我们也没教过高中的东西，你是高中的数学竞赛全国冠军。

他说学校给了我两样东西，第一，给了我时间，这个同学学校作业全部在学校里做的，回去基本上不做作业。

第二，给了我兴趣，数学老师每次上课都带几张纸的题目来，只有班级里做得快，做得对的人才能获得奖励，而且这个题目总是很难，不是马上做得出来的。

这完全符合心理学获得成功感觉的几个要素：一、不容易得到；二、富有挑战性；三、有成功的喜悦，现在我们全校推广荣誉作业，荣誉作业就是行的人才来。 过去局限于数学这个差距比较大的学科，我们学校有地种，在顶楼，但是不能保证每个班级有，怎么办？ 要做得好才奖励你，奖励你下地。

有人说，中考高考不是一张卷子吗？ 你搞错了，有的人确实再做题目也做不来的，不要为难你的孩子。 并不是所有东西每个人都学得会的，就像你天天跑也跑不过刘翔，这是肯定的，就是什么人做什么事。

成绩可以有差异，但价值观应该有共同点，各位家长要清醒地认识到自己的孩子是什么情况，不要为难他，也不要耽误他。 他应该怎么发展，你耽误了对不起他，他达不到这个程度，你拔苗助长为难了他，你就没法进行沟通，沟通了也没有效果。 在共同的价值观下面有不同的发展，同样都应该得到尊重。

主持人：谢谢，再次把掌声送给张校长。我记得之前有一位在上海做心理咨询师的朋友，我问他，现在去你那里请求帮助的大概会是什么人比较多？他告诉我，30岁到45岁的妈妈。我也是两个孩子的母亲，家长承担了很多压力，不管是来自工作的还是来自家庭。我想刚才张校长的话，治愈我们所有的家长。孩子是不同的，我们不要去勉强他，但也不要去耽误他，还是落在了那四个字"因材施教"上，再次把掌声送给张校长，谢谢！

接下来有请上海市风华初级中学教育集团特级校长堵琳琳，有请堵校长为我们带来演讲，掌声有请！

因材施教，补齐短板

堵琳琳：谢谢主持人，谢谢各位家长，谢谢妇联给我们提供了这样的平台和我们家长能零距离接触。

我想讲讲什么是成长？成长对一个孩子来讲，有很多家长说是人生的马拉松，但是我个人感觉成长更像是一个人一生要追求的事业。

我觉得我在这里给了成长一些自己的理解，比如说成长是一个成熟的过程，这种成熟的过程不仅包含一种身体的成熟，更包含人的性格发展，包含我们的阅历、价值观念等多维度的发展。

当然，在成长的过程中现在非常重要的还有知识的发展。

从人成长的过程来讲，我们一定要有一个观念，就是成长贯穿人的一生，尤其是对于未成年的孩子来讲，无论是哪个阶段都有一个不断地认识自己、发现自己、接受自己，并且超越自己的过程，我觉得人的成长有非常丰富的定义。

1983 年哈佛大学的心理学教授霍华德·加德纳（Howard Gardner）提出过多元智能理论，我们在孩子身上发现，每个孩子是不一样的，这八个不同的智能领域在每个不同的孩子身上所占有的比重可能有点不一样，所发挥的优势也不太一样，所以我们感知到孩子们在学校、家中表现出来的状态就会有所不一样。

这八个智能，既是一种独立的存在，又是互相依据在一起共同发挥作用的。不是所有的孩子，所有的智能都会发展得非常整齐完整，有的孩子数学就很有天赋，但有的孩子，可能艺术的感知度非常好，对色彩的感觉非常好，接下来我也想讲我们学校一个学生的故事。

这是我非常喜欢的一个仍然在我们学校就读的学生，他刚刚进我们学校的时候，妈妈非常焦虑，因为这个孩子喜欢做一些和学习无关的事情，喜欢家里的小猫咪，为这只小猫咪写了很多很多小文章。

到了中学以后，妈妈来请教我，她说堵校长，我还能不能让他继续干这样的事？到了初中以后，作业很多，会不会影响他的学业？我说你要继续坚持，这个孩子就像刚才张校长讲的，也是我们做家长的一种福气，为什么？他有他自己非常好

健康成长的秘密

的兴趣爱好,喜欢观察动物,并且能够把他观察的诉诸笔端,进行细腻生动的描绘,我说这是多少孩子怎么训练都训练不出来的一种能力,我们必须支持他、呵护他。

我们还给这个孩子举办了一场个人的艺术展,他除了喜欢写以外,还喜欢绘画、书法,我们专门为他举办了一场个人的艺术展,这也是我们风华初中历史上第一场个人艺术展,做得非常像模像样,给他印刷了艺术展的宣传海报,为他办了个展的开幕式,这个孩子非常高兴。孩子在某一个领域取得了成功以后,获得的自信也会迁移到其他学科,影响其他学科的学习。果不其然,在我们学校和家长的共同努力下,这个孩子的状态现在越来越好。

我再给大家看一个小案例,这是我们学校的车模社团,这个社团的成立也是缘于一个孩子,当时有一位喜欢车模的男孩子到我们学校,他妈妈是我们学校的语文老师,也是很用功的妈妈,说等到了初中,坚决不让他玩车模,孩子在家里天天搞这个东西,学业成绩很一般。但是我说,你们家的孩子喜欢车模,车模是一个需要高智商的爱好,他对车子的结构要了解,因为要竞速比赛,要有一定的编程能力,在比赛的过程当中,还要有非常好的、稳定的心态,孩子有这样的兴趣,家长为什么要抹杀他、遏制他呢?应该和我们学校一起扶持他,开一个社团,让孩子在这个社团里玩,很多年前开的这个社团现在还在,成为很多男孩子非常喜欢的一个社团。

在孩子的身上,发现他与众不同的特点,呵护孩子的兴趣，是我们所有的家长和所有的老师的必修课，也是我们必须去支持和帮助他们进一步成长和发展的。

除了发现孩子们不一样的智力结构以外，还要发现他们身上不一样的性格特征。性格特征和前面的智力结构不一样，智力结构是一种扬长的教育，我们通过发挥特长来带动他的全面发展。对于性格特征的把握，可能就是一种补短的工作。我们需要去发现孩子身上不同的性格特点，要去补齐他的短板，以提升人的适应能力，成长也是社会化的过程，不同的孩子性格特征是不一样的，有的孩子多愁善感，有的孩子敏感细腻，有的孩子开朗活泼，有的孩子很小心，有的孩子很执拗。在这样的一种多元的性格特征当中，家长和老师要细心观察我所教育的这个对象，他的性格到底有哪些符合我们的发展要求？比如很外向的孩子，现在的社会很喜欢，一般语言表达也非常好，可以鼓励他继续朝这方面发展。但是有的孩子很执拗，很小心，一些比较有缺陷的性格特征，需要我们通过后天的教育和引导帮助他去克服这些缺陷。

前两天我跟一个家长在交流，他的孩子非常内向，但是他的爸爸妈妈每年的暑假带孩子出去自驾游，让这个孩子做所有的攻略，几次这样的活动下来，就逼着这个孩子有很好的社会沟通能力。每个孩子不一样，但是我们需要去弥补他的性格短板，完善人格，帮助他更好地走入社会，能够有更好的适应能力。

除了发现不一样的孩子，有很多关键的教育行为和教育点

　　　健康成长的秘密

也想和在座的家长分享。

一是价值观念非常重要，是人生的底色。要扣好人生的第一粒扣子，三观教育里面的价值观引导，家庭有不可推卸的责任。所以我们说在价值观念引导过程当中，需要我们家长更加注重在日常行为过程中的细节上的引导，要避免说教。我们说要把握好两个空间场合，一个是餐桌的文化，我经常讲在餐桌上，可以把家长的一些正确的价值观传递给孩子，比如说我们如何看待一个社会问题，如何对待一件周边邻居发生的事情，等等。在餐桌上，我们大家都很轻松，很随意，但是都在表达我的一种倾向，一种选择。餐桌文化实际上是家长和孩子进行深度交流的一个很好的场面。

另一个是闲暇文化，我们跟孩子们在一起不要总是读书，不要总是关心他的分数，而是要在日常生活当中，让孩子体会丰富的生活。我们在闲暇时间如果经常陪孩子去博物馆、艺术馆，你的孩子可能在这方面就会有比别人更高的修养。如果日常喜欢带他去旅行，在旅行中不断探索和发现，这个孩子将来就有可能拥有更高的眼光，眼界也会打得更开，我们在闲暇时光和孩子一起干什么，决定了孩子未来能走到怎样的高度。

与此同时，一个非常重要的关键教育行为是意志品质的锻造。这需要我们磨炼孩子，防止溺爱。尽管每个孩子都不一样，但是我们现在发现孩子们的心理问题频发，很大一部分原因在于我们现在的青少年物质上得到极大的满足，但是精神上极其匮乏。这种精神上的匮乏，有一部分是我们社会的责任，我们对孩子过度呵护和过度关爱。

我在这里给出三条建议，第一个要吃点生活的苦，我们经常可以看到，有家长送孩子，一定要送到学校的大门口，要把车停在离学校最近的地方才能让孩子下来。孩子如果能够独立了，家也不是离得特别远，自己走着上学是最好的一种状态。吃一点生活的苦对他的意志力培养是有好处的。

第二个要受点运动的罪，现在很多的孩子不喜欢运动，在操场上经常看到有的小朋友在体育运动的时候觉得累，动作做不到位。有专家讲，如果身体没有感受过极限，灵魂是很难升华的。所以，可以培养孩子一到两项喜欢的运动，并且能够坚持做下去。在运动过程中，这种坚韧的品质，同样会迁移到生活的态度、处事的方法上。

第三个要扛点委屈吃点亏。现在很多孩子不能批评，只能表扬，不能吃亏，只能占便宜。我想吃亏实际上是人生的大智慧，吃亏的背后是孩子的包容度提升，这样才受得起各种各样的批评，因为在人的一生中，不可能永远都是鼓励和表扬、鲜花和掌声。人生不如意之事常八九，面对不如意的事，我们要有怎样的一种生活态度？当别人委屈你的时候，你又该有怎样的一种生活态度？这个决定了未来一个孩子能走多远，吃不得苦，吃不起亏的孩子，我相信在社会上很难得到长足的进步。

在学习的过程中，希望我们一起注重方法的培育，强化过程，弱化结果。

一起观察孩子，培养属于孩子的独门秘籍，这是非常重要的。 找到孩子自己专属的学习方法，学习方法可以受用一生，要训练记忆力、单位时间的专注度，这对孩子都非常重要。 到了初中以后，我们在单位时间里处理多项事情的能力要有发展。 我们可以在陪伴的时候，单项任务从量到质，多项任务看孩子如何去选择，如何去分配时间，如何把单位时间用到极致。

最后是知识的自我结构，每门功课可能都不太一样，但是孩子们一定能找到属于他认知加工过程中比较能接受的方法。可以通过很多方式来培养，比如思维导图，比如学习老师教的方法，等等。

家长淡定一点，弱化对分数的关注度，会让你和孩子的心情更愉悦，不求结果如何，但求过程中竭尽全力，这是非常重要的。

我想和孩子的陪伴也是一项艺术，智慧的守望才能帮助孩子奠定更为幸福的一生，我今天的分享就到这里，谢谢大家！

助力孩子　身心健康

主持人：接下来的时间进入到圆桌论坛，也是我们非常有特色的活动，我们会邀请到几位嘉宾走上舞台，和我们一起就大家关注教育当中的问题进行探讨和交流。 主题叫做助力孩子，身心健康。

近些年，青少年的心理健康问题呈现出年轻化的趋势。 我手中有一组数据先和各位家长分享一下：

在 2021 年发表于《柳叶刀》上的研究提出，目前 18 岁以下的抑郁症患者占到总人数的 30%，其中一半是学生。教育部、国家卫健委等各个部门也专门印发了关于加强和改进新时代学生心理健康工作的专项计划。特别强调关注青少年的心理健康。在各位看来，为什么这些年我们青少年的心理健康问题出现了复杂化，主要的表现形式和原因是什么？

杨雄：刚才主持人提到的部分青少年出现心理问题，因为我长期做青少年研究，我有一个数据，如果上海中小学生加起来 150 多万，按照 160 万来统计，到精神卫生中心去看门诊的有多少？公开数据 5.5 万中小学生，主要是集中在初中阶段。大概就是 3%左右。

对青少年出现的心理问题，比如抑郁症、自闭症、厌学等，3%，这个概率不是很大，还是一个小众现象。所以不要太紧张，我们跟踪发现，中国城市大部分家庭亲子关系良好，进入青春期的孩子能够安全平稳地度过青春期。

实事求是看，大部分青少年的心理问题可称之为心理感冒，如果孩子感冒，可能一个星期就自愈了，严重一点看个门诊，挂个水就好了，所以我认为心理问题就是一个感冒，大部分人会好的，不要放大这种焦虑，这是我的结论。

主持人：谢谢杨老师，先给我们吃了颗定心丸，先让家长放轻松。有的时候不能被一些网上博眼球的数据和标题带偏了。 我们再来问问张校长。

张人利：刚才杨教授的数据跟我学校的数据基本吻合，但每个年级的比率不一样，我们学校9个年级，有一个年级大概能到5%，就是最多了，但也有的不到3%。 其中的原因，我自己在想，像我家里叫的钟点工说，他们农村这种事很少，根本达不到这个比率。 就是人类千百年来都在农村种田的，就这几百年的城市化进程，城市对于人类来说，并不是归宿，不是基因里的东西，还会产生各种不适应。

我们学校的近视率很低，大概要比上海市低20%，这是上海市教委很难解释的一个问题。 这个问题当时的教委副主任，特地到我们学校来详细研究这个问题，你们为什么近视率低?而且不是低一点，低20%。 当然这个问题要跟你回家做作业、睡眠时间都有关系。 但是，他认为最主要的原因归纳为太阳晒得多，所以要晒太阳。 我们有一个良好的空间，不允许天好在这里上课，全部去操场，中午也在晒太阳，半个小时大休息不运动也得在操场里，甚至像我们疫情期间，我的要求是阳台上也要晒太阳，晒太阳可能是克服心理疾病的一个很有效的办法。

因为人类本来就在太阳底下长大的，现在太阳晒不到了，当然问题可能各种各样的都有，但这肯定是原因之一，不要被大家忽略。

主持人：谢谢张校长，再来听听堵校长的意见。

堵琳琳：刚才张校长讲的这个问题，从我们学校大样本数据看起来，包括杨教授讲的数据基本也是吻合的。 我们现在可能有在放大孩子们心理问题的趋势。 从我们教育工作者的角度，实际上很大一部分孩子只要通过心理的韧性训练，就可以渡过心理上的难关，为什么要增加意志品质的磨炼，我觉得这对孩子们是非常重要的，就是学会如何吃苦。

前面教授讲学习是快乐的，但持续、坚韧地学习一定是艰苦的，所以要学会吃一点苦，这个非常重要。 如何让我们的家庭和学校配合起来，在我们的教育体系中训练他，培养他坚韧的意志品质是非常重要的一门功课。

孩子们面临很多的问题，我们整个社会功利化的倾向，实际上对孩子唯一的评判标准就是要学习好，除了学习好以外好像其他的都可以忽略，这样单一化的追求，也会在很多的场合加重孩子的心理负担，尤其是学业上的负担，我觉得我们应该在更为科学的维度上思考这个问题。

主持人：谢谢堵校长，我们听听黄老师的观点。

黄宇：简单介绍一下我自己，前几位都是专家和校长，我是新东方上海学校的负责人，在新东方工作了十几年。 我从培训机构的角度，来谈谈我们在机构里看到的孩子的心理状况。

孩子们说，生活被父母安排得妥妥当当，比如周末两天时间，被彻底排满不同的课程，甚至我看到过很多家长的课表，很多的家长不止一个孩子，可能有两个孩子、三个孩子，就是不能说精确到分钟，但以半小时为单位。 在这个过程中，孩子完全没有掌控感，当他发现什么都被安排好了之后，就感觉我学不学好像没什么差异，反正也要来的。

我问孩子，你来新东方学习，觉得好像学不学都行，回学校感觉怎么样？他说回学校好像感觉也差不多，每天被安排好，缺乏意义感，也就是社会上经常描述的空心病。哪怕有一天他进了大学，很多孩子还是找不到自己的方向。

本科的学生找不到方向怎么办？再考研，考研上岸了怎么办？还是没有方向，一路都是被安排的。前段时间我们去了一趟普陀山，大和尚讲了一个很重要的观点，为什么以前的人比较少得抑郁症？很简单，古时候吃不饱，天不亮就下地了，一定要干到天黑再回去，回去以后也没有娱乐活动，赶紧睡觉，因为3点钟又要起床，所以以前人们没有工夫想这些事情。我们现在把孩子一切安排好了，他反而出现了意义何在的疑问？所以寻找意义感对于孩子来说非常重要，帮孩子找到自身的价值也是家长包括学校可以为孩子做的事情。

主持人：谢谢黄老师，刚才听到几位嘉宾的观点中有一个共同点，第一，不要被一些数据带偏，第二，让孩子吃一点苦很重要，现在孩子太幸福了，好像我们需要不断地往上提高物质水平或者精神享受才能找到他精神刺激的点，开心起来很难。

接下来我们讨论一下学校的亲师关系，学校是除了我们家庭之外孩子待的时间最长的地方，孩子跟学校能不能自洽，孩子跟老师的关系怎么样，甚至会影响到他们的学业。请问一下两位校长，目前我们学校在孩子的心理健康方面，有没有一些特别的举措？

张人利：你知道我们学生最喜欢去哪些地方？第一个是食堂，第二个是图书馆，第三个是我们的一些自由空间。学生为什么喜欢这些地方？因为他可以自由自在，没有束缚。课间大休息本来要做广播操，但广播操艺术性、兴趣性相对缺乏，没有学生愿意一遍一遍做广播操，我就征求领导的意见，广播操可以不做吗？他说不可以不做，但是可以少做，我现在一个星期就做一次，其他时间就跳舞 + 玩，怎么开心怎么来，老师加强安全检视。

张人利：令学校头晕的不是大部分学生，而是所谓的 3% 的问题少年，不要看人数不多，影响太大。因为不能出一点事故，如果有专门的人来做这件事，可能极端的事情就会少。我们学校两个心理老师每个礼拜都去像抄水表一样了解家庭情况，了解孩子们最近想些什么，孩子们认为这两个老师比班主任还亲，孩子有宣泄的地方，情绪就好多了。

主持人：一个孩子如果心理有问题的话，不光是学校方面，可能在家庭方面都有影响，所以就要求学校老师在家庭生活上给他更多的关爱，谢谢张老师。我们接下来看看堵校长的意见。

堵琳琳：我们风华中学也是这样的，现在关心孩子们的系统架构非常完整，刚才张校长也讲了，我们有全员导师制，但是从亲师关系的角度上，对于我们老师来讲，就是如何去发现你的孩子，如何去理解你的孩子，你所教育的孩子，我们要提供适合他学习的内容、评价的方法，等等。

我们的教育是什么？ 也是要通过我们不断的引导，让孩子们发现他和别人不一样的地方，有了他和别人不一样的地方，有了足够的自信，很多的问题就能解决。 有不一样的地方，这个孩子就很容易得到其他孩子的信任和尊重，亲其师就能信其道，这是非常重要的一种亲师关系。

另外一个，我们在学习的过程中，我们也要给孩子们提供不一样的学习方法，每个孩子的学习能力、学习速度都是不一样的。 在学校里，我们整个社会教育界在提倡一种项目化学习、主题化学习，就是从孩子学的角度不断丰富学的途径，用自己比较喜欢的、擅长的方式来构建自己学习的状态，这对孩子们未来也是非常好的。

对于一些特殊的儿童，我们整个的社会关爱的视角、结构非常完整，我们不仅有专有的心理老师体系，还有重点关注的支持系统。 孩子在学校生活中可以得到多方面的支持，包括有一些心理问题倾向的孩子，可以得到多元的帮助，比如学校内有专业的心理老师，还可以寻求社会机构更多的支持。

从学校、社会等几个多元的角度，我们都在努力为孩子构建更为健康的成长环境。

亲师关系　双向奔赴

主持人：谢谢堵校长，我们请杨老师、黄老师分别从你们的角度谈谈？

杨雄：刚才两位校长就家校关系、亲师关系做了非常好的解读，我最近一直在关注家校关系和亲师关系，我个人发现，现在师生关系要好好研究。特别是进了学校以后，家长的权威在慢慢丧失，班主任、老师、校长的权威急剧上涨。

而在家庭中，夫妻关系要比母子关系、父子关系、亲子关系更加重要。过去我们认为亲子关系要处理父母和孩子的关系，我们研究发现夫妻关系很重要，夫妻的关系处理好，孩子一定心理比较平稳，学习比较自觉。

我们不要光盯着母子关系去处理，把夫妻关系营造好了，孩子就会向你学习，他就会很安心，对他的心理很有支持。如果夫妻整天吵架或者冷暴力，或者彼此不闻不问，很多家庭出了问题，比如丈夫每天在外面做生意不关心家庭，妈妈变得很焦虑，这样孩子容易出问题，如果和孩子沟通有问题，可以借助权威如学校的老师和孩子沟通。

主持人：谢谢杨老师，所以有的时候，有一位很有智慧的家长会借力，有时候家长觉得跟孩子直接沟通有矛盾，他就会借学校老师的力来跟孩子说。

张人利：刚才杨教授的话很有道理，这里牵涉一个问题，像我做校长，我对家长讲话和对老师讲话是不一样的。 此话怎讲？ 对老师来说，他需要去适应每一个学生，因为人不一样，要有不同的方法来对待不同的学生，真的有他的智慧。

我跟家长说，你要教育学生，要适应老师，越适应老师的，书读得越好，因为老师也是人，老师也有各种各样的，看你怎么适应。 老师要适应不同的学生，家长和孩子要适应不同的老师。 如果有问题，我们现在很多就是直接找老师或者找校长说，校长也要通过各种方法让老师改进，因为现在的学生，特别是老师有的也是独生子女，他二十多岁的人了，实际上也没有全部断奶，也有一个成长的过程，所以这个问题就是两方面适应，会更好一些。

堵琳琳：我特别赞同张校长的话，孩子们会遇上不同的老师，这也是他社会化进程非常重要的一课。 因为社会上你一定不会碰到都是你喜欢的性格的朋友、同事，在生活中你去适应不同性格特点的老师，这实际上是人成长非常重要的历练，我们的老师也要更讲艺术性、教育方法，更从教育规律的角度去发现认识孩子，这是双向的一种奔赴。

主持人：有的家长有这样的疑问，我们选不了老师，有时候对待老师好像很无力，不喜欢这个老师怎么办？

张人利：刚才杨教授说，学校教育的作用在不断上升，有道理的。

对我们学校来说，就是两面不断地沟通，我们学校有三句话，第一句，你爱学生吗？ 第二句，你会爱学生吗？ 第三句，学生体会到你的爱了吗？ 最后一句最重要，如果你的爱他从来没有体会，那没有用的。

黄宇：要有一个换位思考的心理，从学生的角度，想想老师心里怎么想的，或者从家长的角度，想想孩子心里怎么想的。

很多家长可能存在的疑问是我不太知道孩子怎么想，或者我大概知道他怎么想了，但是我不知道该怎么办？ 因此，家长最好有一些相关的知识储备，至少在面临问题的时候，能比较清楚地了解孩子目前处在哪个阶段，对应地应该怎么做，大方向不差。

主持人：在亲师关系中家长有很多困惑，如何做好平衡？孩子在学校遇到问题的时候，怎么跟学校沟通，学校喜欢什么样的沟通方式，家长用什么样的沟通方式能更好地有利于孩子的心理健康？ 我们想从学校的角度、家庭的角度请各位讲一下，先从学校的角度来讲讲，张校长，你希望我们的家长学会怎样的沟通技巧？

张人利：学校应该有各种各样的沟通渠道，一切与学生利益有关的要维护，一切与教师利益有关的要维护，每年我要叫家长给老师打分，一年评一次，这涉及老师年终考核，学生有少代会，我们学生也很厉害，少代会有时候提的意见我都很难回答，畅通了各方渠道，让家长、孩子都可以找到讲理的地方和解决问题的方法。

堵琳琳：基于信任的沟通是最有效的沟通。 我们在生活管理中经常碰到很多案例，一个是假想的别人要对他不好，我觉得这个实际上是一种自我的心理影射。家长和学校实际上是共同用力，只是责任不一样。我们的目标都是一致的，让孩子们健康茁壮地成长。学校更多的是从理性、课程、学习方式、知识达成等角度来引导，家长可能更多地从生活呵护、人格成长、性格完善等来引导。

目标是同心同向的，基于信任的沟通才是最好的沟通，有一些家长非常有前瞻性，他发现自己的孩子有一些比较独特的地方，会事先和我们班主任、任课老师沟通。比如我这个孩子平时作业就特别慢，能不能有一些个性化的作业？这完全是可以实现的。因材施教，让每一个孩子都能以一个比较适应他的状态去学习，那是最好的状态。我们如果基于信任，基于坦诚，大家平等地交流和沟通，我相信我们的家校之间任何问题都可以得到解决。

主持人：所以信任和沟通渠道是家校沟通非常好的两大法宝，这两位老师从家庭的角度，代表家长是不是也可以和我们分享一下亲师关系和亲子关系的平衡？

黄宇：我个人也是一个家长，我儿子现在上小学二年级，我来之前翻了一下跟老师沟通的记录，我主要是在群里点赞，第一时间对学校提的事情作出积极的回应。

大家想想，学校推出一件事情，一定是有他的考量，背后的决策因素大概率大家也不知道，很有可能是一个文件要求考核的一些什么东西，或者最近某某活动来了，需要做出配合的调整，这些事情我们作为家长并不了解，可能一方面觉得生活被干扰了，孩子凭空多了很多的负担，我个人建议尽量多配合多支持，我跟老师的沟通记录都是点赞。就像最开始提到的换位思考，作为老师布置一项工作得到家长的支持，很有成就感。反过来说，我推出一项活动，家长带头反对，而且还开始了接龙，这简直就是噩梦。

健康成长的秘密

和家长谈谈教育

鲍鹏山

文学博士、作家、学者。上海开放大学教授。央视《百家讲坛》、上海电视台《东方大讲坛》、上海教育电视台《世纪大讲坛》、山东教育卫视《新杏坛》等栏目的主讲嘉宾

今天的教育在很大程度上给我们带来了太多的焦虑和压力。我记得曾经有这样一句话说："教育在很大程度上降低了全中国人民的幸福指数。"为什么呢？因为它给我们的压力让我们感觉不幸福。

在很多地方可以看到社会上对教育的焦虑情绪，然后这种焦虑情绪不断地延伸，从家长到孩子、到老师、到教育工作

者、到教育的管理者……本来教育是一件很美好的事情，为什么会让我们产生这样一种很不良的心理上感受？ 我研究教育的历史，无论是西方的教育历史还是中国的教育历史，在很长一段时间里，都是一件非常美好的事，教育本来有高尚的内容和优美的形式。

什么叫高尚的内容？ 教育不像今天这样太功利太急切，需要去面对考试。 校园是一个平台，在里面进行思考，思考哲学问题、人生问题、艺术问题。 教育从某种程度上说是人类精神领域的拓展，是精神世界的探索，这是教育高尚的内容。 然后还有一个优美的形式。 比如说在学校里面有这样一个平台，有老师、有同学，在一起师生之间的往来，对相关问题进行讨论乃至争论，这样在学习、在讨论、在思考的师生往来和同学互相启发之间，不断地提升精神境界，不断地增强思考问题的能力，这个过程很美好，很优美，但是为什么我们今天的教育感觉到高尚的内容好像没了？ 优美的形式好像也谈不上了？ 为什么是这样？ 这个问题当然很大，我今天只是想从两个角度跟大家谈一谈。

不功利

第一个角度，我们是不是能够对教育的理解不要那么太功利，教育有一个崇高的内容，这个崇高的内容有一个非常重要的前提就是不要太功利。 今天教育太功利了，基础教育阶段的教育，从幼儿园开始一直到高考，很多家长想的是什么？ 家长不是想着让孩子学得好，老师教得好，我们只是在想一个问题，就是让孩子考得好。 有些老师真的是非常好的人生导师，不仅教孩子知识，可能也在教孩子思考，甚至用他自己的言行举止，用他自己内在的涵养给孩子展示一种优美的人格的境界。 但是这样的老师有别于让你在一份标准化的知识性的考卷上有一个好的成绩，这种教得好的老师在我们的教育体系里常常就被淘汰了。

学生也不一定学得好，什么叫学得好？ 我认为一个学生在受教育时获得一种品格上的提升，获得一种精神维度上的提升。 他的心智得到发育、他的认知能力得到提升。 他德性好，有审美能力、有情怀，这样的孩子就是学得好的。

但是我们今天把上述意义上的好的老师"教得好"，学生"学得好"都忽视了，就看重最后在知识性的标准化的试卷里面我们能不能答得好、考得好，得到高分。 这就是我们基础教育阶段的问题。 基础教育阶段的功利性主要就表现在这个地方。

到了大学以后呢？ 到了大学以后我们的功利性表现在什么地方？ 选一个好专业，什么叫好专业，家长理解的好专业不是说适应孩子天赋和兴趣，让孩子将来能够有一份他自己感兴趣的专业，有开展这份专业的能力，能够陪伴他过一生。 这样的一生是兴趣盎然的，可是家长选专业的时候不是考虑这些问题，而是考虑将来的就业。 所以选一个所谓好的专业，这个

"好"的定义不是说适不适合孩子，不是说适不适合他未来的人生，甚至不是适合这个孩子未来的人生是否在这个专业里得到提升，感觉到幸福。我们只是考虑这个专业将来是否找得到工作，能否找到一份好的工作，而好工作就两个标准：第一个轻松一点，第二个挣钱多一点。

所以我们今天的大学教育已经变成岗前培训，基础教育阶段的应试教育和大学教育的岗前培训，这两条结合起来让我们今天的教育已经失去教育应该有的本质上的崇高和优美的东西。

所以今天我想谈的第一点就是我们家长能不能不要对教育的理解太功利。不要太功利，不要太实际，怎么办呢？虚一点、大一点、空一点。什么叫虚一点？不要太实际了，你学的这个东西跟考试有关吗？比如说孩子喜欢阅读，在家里看他喜欢的书，看一本小说、看一本诗集，有些家长就说看这些有什么用，不要浪费时间了。他认为孩子读一本小说，读一个艺术的作品是浪费时间，恰恰相反，这才是对他精神提升有帮助的东西，但是如果从考试的角度来说你会觉得他在浪费时间。

我讲一个小故事，我家里经常买书，我儿子上学的时候他也买书，我觉得适合他的也给他买，有些书一不小心买重了，我说你把我们家里多的一些书送给你的同学，他说送给谁呢？我说送给你的同桌呀，那个女孩子是你们班的学霸，每次考试都是第一名。我儿子说她不读书，我说不读书怎么考第一呢？我儿子说正是因为她不读课外的书，天天就读考试的书、天天就做练习，所以她能考第一。 我当时听到这一点，真的为这个考第一的所谓学霸的孩子担心，后来果然如此。 到今天我们已经不知道这个孩子在哪里了，她没有后劲。

所以要虚一点。 为什么要虚一点？ 因为虚才能容纳更多的东西。 虚是什么？ 虚就是空虚，我们今天一讲到空虚觉得这是一个贬义词，可是你知不知道？ 空虚这个词在中国古代的文化里面是一个褒义词，比如说虚心，虚心使人进步，我们要虚心向他人学习。 这个虚心是什么？ 就是把自己的心放空一点，把空间变大一点，王维说"空纳万境"，因为你空了，因为你大了，因为你里面能够包容的空间大了，所以你才能包容更多的东西，我们今天学习的内容太实了，缺少一些空的和虚的东西。

前一段时间大家都在讨论一个现象，说是很多非常优秀的孩子比如说上了北大、上了清华的很多孩子，上了大学以后他的人生就没有方向，整天在大学里面无所事事，浑浑噩噩，像个没头苍蝇一样。 有的专家就说这叫"空心病"，我觉得这些专家把这种现象定义为"空心病"，他们看到了一个现象，但是如果把"空心病"变成"实心病"可能能让我们更抓住事务的本质，为什么是实心病呢？ 因为在他整个受教育的过程中，从幼儿园一直到高中阶段，他实际上所有的教育不是太空了，而是太实了，他每一阶段的学习都是在冲着一个非常具体的目标去的。 我为什么读这本书？ 为了考试，为什么学这个技能？ 为了加分。 为什么上这个兴趣班？ 这个兴趣班可以让我在中考、高考的时候上更好的学校。如果某个兴趣班跟升学没有关系就不上了，所以你看到了吗？我们的家长在给孩子选择兴趣班、看课外书、安排他的业余时间的时候，我们是不是每一个安排都是有一个非常具体的目标。这不是空，这是实。

如果我们的孩子学习过程中他每一次学习、每读一本书都是要冲着某一个具体的目标去，那么你有没有意识到，他的未来人生里面只要没有一个目标的引导，他就没有办法出发。我碰到一个孩子，在大学期间基本上除了教科书没读什么书，我问他，"你大学4年里面除了教科书以外有没有读过100本书？"我这句话把他吓坏了，"怎么可能读那么多？"我说："50本有没有？"他说："没有。""10本有没有？"他终于很含蓄地表示"大概有吧。"我们可以想象一下一个人在大学里面除了教科书，除了应付考试，10本书都没有读到，这个大学不是白读了吗？为什么我们的孩子到了大学以后只会读教科书，不会读课外书呢？这就是我们在基础教育阶段，每一个学习的项目启动，乃至于每一本书的读法都是目标引导，到了大学以后很多书都是我们自己完全凭着兴趣，完全出于自己对这个世界的好奇心去读。但是他没有目标引导，不知道怎么读书。后来我跟这个孩子说，我说你现在还年轻，抓紧多读一点书，你看我们环境里面，我们这里图书室有很多书，但是我仍然看到他根本就没有办法读书。

终于一个星期以后我发现他开始读书了，为什么呢？因为他决定考公务员了，我就发现这么一个现象，当他要去考公务员的时候，他就去拿考公务员的教材来，他知道有这样一个考试在前面，他知道这个考试的题型是什么，知道考试要考什么内容，然后他就会读书了，如果没有一个考试在前面引领着他，如果没有一个考试的大致的范围、内容来引领着他，乃至于没有一个考试的题型引领着他，比如说选择题、判断题等等，他就不会读书了。 为什么？ 就是我们在中小学阶段，每一次读书都是冲着一个具体的目标去的。 所以我说我们很多的孩子上了大学以后不会读书了。 不是"空心病"，是"实心病"，他一定要有一个具体实在的东西在前面引导着他。 这样的人生非常可怕，为什么呢？ 因为这样的人生失去了太多的可能性，失去了太多让人惊喜的东西。 我们常常说不知道在一个街角会碰见什么人，但是这样一种方式教育出来的人、教育出来的学生他的人生里面没有街角，他也不可能在街角碰到一个意想不到的人，给他带来意想不到的惊喜，他的人生完全是设定好的。 这样的人生值得过吗？

如果家长在基础教育阶段能意识到这个问题，目标不要太实，稍微虚一点，留一点虚空让孩子去填充，留一点不确定性让孩子将来有更多的机会。 这是第一点有关功利性的问题。

前面讲了功利性的第一个表现：太实在、太具体，所以很多的孩子犯了实心病，在他未来的人生里面只要没有一个具体东西在前面引领着他，他就不知道自己的人生方向在哪里。 实际上我们的教育要让孩子知道，自己能够找到自己人生的方向。 能够给自己确定一个未来的人生的目标。 这是太重要的能力。 如果我们的学习、我们的功利性太强，就把这样一种功能给泯灭了。

教育非常功利性的思想还有一个，就是刚才讲到的能不能大一点，不要太小，有的家长会说，教育的要求很大，希望孩子将来能做大事、做大科学家、大企业家等，这不叫"大"，因为"大"不是具体某一个目标的大，而是可能性的大，是格局上的大、是精神上的大。 为什么我们一定要让人"大"一点，中国古代的教育就说教育是干什么的，教育就是把小人培养成大人，小人和大人的区别是什么？ 小人就是每一个人生目标都非常具体，老婆孩子热炕头，过自己的小日子，能挣钱，有车、有房，这就是小人的想法。"大人"的想法呢？ 大人除了这个之外可能会仰望星空，会关注一些形而上的东西，会关心一些在别人看来很微弱的东西。

有一个成语叫杞人忧天，现在老是把杞人忧天当作笑话来讲，但是你知道吗？ 一个人能够忧天这不是一般人能够做到的，如果他仅仅整天就想着忧天，肯定是有问题的，但是如果一个人从来都不忧天呢？ 所以我们说人生要大一点，什么意思？ 就是我们自己人生的空间大一点，我们将来的人生空间要大一点。 我们不能一直像老母鸡一样只会在土里刨食，我们还要有鹰一样的能力，能够飞上天空，作为一个人当然要刨食，当然要养活自己，当然要有一份工作、一份职业，有专长和能力来养活自己，没有问题。 比如说当老师的，好了，这就是我拿工资的地方，但是如果仅仅是为了养活自己，那么就像一只老母鸡一样只会在土里刨食，我们不反对一个人一辈子只会在土里刨食，但是是不是也需要有鹰一样的能力，能够飞上太空，能够在天空中翱翔？ 有这么一句话，鹰有时候飞得比鸡还低，但是鸡永远飞不到鹰那么高。 所以"大一点"说的就是这个意思。

我们今天的教育使我们每一步目标太具体了以后，就是把孩子的世界给局限了，把孩子的世界给变小了，这个大一点就是把他的世界变大，把他的精神空间变大，把他未来的可能性变大。

我曾经听过这样一个故事，说是一个老和尚给小和尚讲佛法，他带上一个碗、几个鸡蛋，然后再带上一点米，还带上一点水。 他把鸡蛋先放到碗里，放满了之后，他问小和尚现在还能放吗？ 说不能放了。 老和尚把米放进去了，原来是可以放的。 把米又放满了，米把鸡蛋留下的空隙都撑满了，老和尚又问还能放吗？ 小和尚说现在真的不能再放了，老和尚又把水倒进去，在米和米的间隙里面还可以存水。 这说明什么道理？我们且不说，然后老和尚把鸡蛋拿出来，把米拿出来，把这个水也倒出来，重新先把水放进去放满，请问现在还能放米吗？如果先把米放这个碗里放满，请问还能放鸡蛋吗？ 这说明什么道理呢？ 人生的顺序一定是先大后小。 而不能先小后大，跟我前面讲的道理是一样的，前面人生所有的东西满了之后，我们就没法大起来。 但是如果一开始大一点，后面小的东西不用担心，自然会撑满。

我曾经讲我们今天的教育是打工仔的教育，这就是"小"。为什么说是打工仔的教育？因为我们的孩子在上幼儿园的时候家长就想办法一定要让他上一个好的幼儿园，没有问题，想让孩子有好的教育资源，上一个好的幼儿园，这个我完全可以理解。但是问题是为什么一定要上一个好的幼儿园呢？因为我们的家长回答是这样的，因为将来要上一个好的小学，为什么一定要上一个好的小学呢？上了好的小学将来才能上一个好初中，上好初中才能上好高中，好大学、好专业，到了这一步，为什么要上好大学、为什么要上一个好专业？我想大家都知道，就是将来找一份好工作，从幼儿园开始我们所有的目标，十多年的教育，我们辛辛苦苦，家长压力很大，孩子付出那么多的努力，最终的目标就是找一份好工作。所以我说我们的教育就是打工仔式的教育。你觉得我说错了吗？你觉得这样的教育是"大"吗？你就是培养一个打工仔，将来他找一个好工作，这个好工作就是让他有好车、有好房、有一份好收入。人生真的不是这样！人生还有很多虚的东西，还有很多仰望星空的东西。

　　除了具体的、物质的空间还有精神的空间，人类的生活除了具体的物质的生活，还有精神生活。我们除了肉体还有灵魂。我们除了穿衣吃饭还有诗歌、还有音乐。如果我们的教育一开始就这么"小"，就是冲着工作去的，将来就没有办法让我们的精神领域得到更多的扩张。所以我们能不能大一点，有大的格局，不用担心孩子将来找不到好工作。如果你真的有智慧，能够看透本质，我相信一定会明白，找工作是一个假问题！真问题是工作找人，不是人去找工作。为什么说人去找工作是假问题，你没有一个大学的文凭，没有相应的专业证书能找到工作吗？能找到你要的、喜欢的、合乎你专业的工作吗？找不到，说明什么呢？说明工作是按照工作的要求和限制在找你，这才是本质。所以真正的有眼界的人一定会明白，将来不是我找工作，而是我有足够的能力让工作来找我。我们不做事情不知道，不做事觉得满世界都是人，但是一旦做事就发现找不到合适的人。开一家公司找不到合适的做技术的，找不到合适的做管理的，找不到合适的做销售的。开一个学校，突然发现找不到一个合适的优秀的老师，所以不是你去找一个教师的工作，不是你找一个企业的工作，而是你让自己变成那个学校里面需要的那个老师，他自然会找到你，换一种思路海阔天空。

必要和重要

既然学习不要太功利，那应该怎么做？我给你一个关键词，叫必要的和重要的。如果我们家长有一点逻辑学的基本训练会发现这两个关键词放到一起，在逻辑学上不大成立。为什么呢？因为必要的和重要的不在一个逻辑层面，重要的和不重要的在一个逻辑层面，必要的和不必要的在一个逻辑层面。而重要的和必要的在逻辑上是交叉的，但是为什么偏偏把这两个东西搅到一起？ 因为现实中很多家长分不清什么是必要的，什么是重要的。 他们把很多重要的事当成必要的事。

这个世界上很多你以为重要的东西是不重要的，只有必要的东西才是重要的。 举个例子，我们今天的教育让孩子们学得那么苦，前一段时间我们看到一个流调，说一个小学生一周上了23个兴趣班，简直把我惊呆了。 一个星期上了23个兴趣班，你想这个孩子有多苦？ 我前段时间碰到一个家长，他说："鲍老师，现在我们的孩子太苦了，双休日都没有休息。"我说："双休日就是让他休息，让他换一换脑子，放松一下，下一个星期再学习时有一个饱满的精神状态，还有一个准备好的休息过的身体。 如果说双休日一点都不让他休息，他带着疲惫的精神和身体去参加下一周的学习，效果就会打折扣。"但是这个家长跟我说："鲍老师，我们没有办法，我们要上很多兴趣班。"我说："为什么要上那么多兴趣班？"他跟我说："比如说周六的上午要去学跳舞，女孩子学跳舞能够身材好，难道不重要吗？"我一听觉得："行，很重要，学吧，只要下午可以休息。"他说："下午不可以，下午要学钢琴，会一门乐器难道不重要吗？"我一听："那好吧，周六一天没有了，周日可以休息吧？"他说："不可以，周日要让他去学书法，写一手好字难道不重要吗？"我一听："是，写一手好字也很重要"，我说："只剩最后半天了，能不能让他休息一下？"他说："不可以"，我说："为什么？""我们还要去学一门语言课。"我几乎被他说服了，但是后来我发现不对，为什么呢？ 因为他跟我讲的是"难道不重要吗？"是的。 这些东西会了是很重要，但是我们再想一想，这些东西不会，又怎么样呢？

什么叫重要的？ 重要的是人生的加分项目，自选的项目。 什么叫必要的呢？ 必要的就是人生如果没有这个东西，你的人生就没法展开。 我们来看看这个孩子所学的这些东西，比如说书法，写一手好字重不重要？ 重要。 但是不会写又怎么样？ 家长能不能想想这个问题。 一个孩子不会写书法怎么样？ 我给你一个答案，不怎么样，没有关系。 会写当然很好，不会写也没有关系。 一个人绝不会因为自己的一手字写得不好而影响他自己人生太多的发展，尤其是今天的书法是按照书法艺术的要求来写的。 我们今天有多少人会写书法？ 他照样有自己的人生，照样能获得成功，照样能获得幸福。

比如说弹钢琴，会弹当然好，但是不会弹又怎么样？ 我告诉你，会弹很好，但是不会弹也没关系。 凡是你不会，它对你的人生没有必然影响的东西就叫"不必要"，我们现在就是把太多不必要的东西当成一个不可或缺的东西，然后强加到我们的孩子身上。 我们给了他们太多的压力，消耗了他们太多的精力，浪费了他们太多的时间，然后人生很多必要的东西反而被忽视了。 我们需要一些时间去完成很多人生必要的东西的学习。 人生是有限的，教育是有限的，我们有效的学习时间也是有限的。 所以一定要在有限的这个前提下去考虑教育，如果我们每个人能够活 10 000 岁，没有问题，前面有 9 999 年可以学各种各样的兴趣班，把天下所有知道的都学完都没有关系。 但是问题是我们的人生短暂，我们有效的学习时间有限，我们必须在有限的时间里展开我们的人生，所以我们就必须学会取舍。取舍的标准是什么？把必要的东西先不折不扣地留下来、学好。把所谓"重要的"东西放在一边，有时间有兴趣有天赋，好，我们学一到两个。如果没时间可以不学，如果进一个兴趣班孩子没兴趣可以不学，如果某一项技能孩子没有天赋也可以不学，为什么？因为不学了对他的人生没关系，我现在就告诉你，鲍老师就不会弹钢琴。没有关系。你不会说你看鲍老师讲半天，突然发现鲍老师不会弹钢琴特别失望，原来鲍老师连钢琴都不会弹，怎么会讲教育呢？不会弹钢琴依然可以讲教育。

有一古琴老师给我发微信，说如果孔子不会弹古琴能成为孔子吗？我说如果你想让更多的人学习古琴，你可以说古琴有很多很多的好处这都没有问题，我讲了"三有"，我们有时间、有兴趣、有天赋，如果有这些东西我们就学一个古琴，没关系，但是你不要学古琴又学钢琴，又跳舞又唱歌，各种各样的都学，就把人搞残了。对于孔子这样的人学习古琴是不是他必备的某一种技能？如果他没有这个技能，是不是就不能成就孔子？我回了这段话给发我微信的古琴老师。我说苏格拉底就不会弹古琴，照样达到了很高的境界。

凡是不能够对我们形成不可抗拒的影响力的东西，它都是不必要的。它最多只是你讲的会了很重要，挺好的，但是不会没关系。因此我们如果把这个搞明白以后我们就学会了取舍，

和家长谈谈教育

学会取舍以后你就会很放松，你放松孩子也就放松了，我们没必要在那些没时间、没天赋的事情上硬逼孩子。天下那么多好玩的事情，你选那么一两个，玩一玩就行了。比如说下棋，会下围棋就可以了，为什么同时要会下象棋，下了象棋还要下军棋，为什么还要下国际象棋呢？为什么要这些都会呢？不必要，人生有很多东西的技能，我们了解一点，会一点，给我们的人生增加一点趣味，让我们的人生有更多的乐趣就行了。它不是必要的。

那么必要的是什么？必要的有两种，第一个是专业的必要，第二个是人生的必要。什么叫专业的必要？举个简单例子，比如说我在大学里面是中文系的教授，我是个专业人员。我的专业要求是什么？因为是中国古代文学的教授，所以一定要去读去了解，甚至去研究中国古代那些伟大作家的作品，如果今天家长来问我，鲍老师，《诗经》是怎么回事。如果我都不能回答你《诗经》是中国历史上最早的一部诗歌总集，收集了305首诗，如果这些我都不知道，你马上可以鄙视我，这是什么中国古代文学教授？这是草包。但是如果去问一个卖菜的大嫂，你问她《诗经》是什么，如果她不知道你会不会鄙视她？你连《诗经》都不知道，你怎么还在这里卖菜呢？我要是卖菜的大嫂马上就会回答你，我不懂得《诗经》，凭什么我就不可以卖菜？因为这不是我卖菜的专业呀！你明白吗？很多的专业必要的东西对于其他专业的人来说就是不必要的。比如说我这段时间家里在装修，很多东西我就不会，电工来给我装电线，水管工来给我装水管，这些我都要会吗？ 我可以不会呀，这是他的专业。 但是如果一个水管工不能装水管，一个电工到我这里来他不会给我装灯，那就有问题了，对他是必要的。 所以这种必要叫什么呢？ 专业的必要。

如果你是这个专业的就是你必需的，如果你不是这个专业的，就不是你必需的，所以最后我的落脚点是什么？ 我的落脚点是将来我们的孩子一定是在某一个专业上立足，他不是在所有的专业上立足，所以学习是有限的。 不要逼着他学那么多的东西。 你逼着他学那么多的东西他就不可能在一件事情上聚精会神，就不可能在一件事情上出类拔萃，允许他在更多的地方是无知的，允许他在更多的地方不发生兴趣，允许他对更多的知识领域不去探索、置之度外，他才有可能在自己感兴趣的、有天赋的地方实现自己的发展。 所以孔子跟他的弟子子路讲了一句话，"知之为知之，不知为不知，是智也"。 什么意思？ 就是你必须知道的你就一定要知道，不必须知道的你就可以不知道。 你学会这样一种取舍以后，将来才能够培养出一个智慧的孩子。

除了专业的必要，还有人生的必要。 什么叫人生的必要，人生的必要说白了就是一个人的价值观、信仰、品德，为人处事基本的道理。 我们有很多人专业很强，但是他人生的必要的东西没有，比如说他没有价值观，他在这个世界上分不清是非好坏，他不知好歹，跟别人交往的时候缺少基本的共情能力，他的同理心和同情心都不够，这样的人专业再强，他的人生也不可能太幸福。 为什么？ 因为人生有人生的必要的东西。 实际上人类所谓的教育最初根本不是教专业，人类最初的教育，无论是苏格拉底的教育还是孔子的教育都是教人生的必要，而不是教专业的必要，所以我们今天读《论语》会发现一个很有意思的现象，在《论语》里面 500 多章孔子和他弟子们的对话，我们看不到孔子教他的学生专业技术，我们看到的是孔子和他的弟子在讨论价值观的问题，讨论是非判断的问题，讨论一个人在这个世界上和别人相处、和世界相处、和社会相处，这样的时候，一个人应该具备什么样的基本素质，这是最重要的东西。

如果一个人，一个孩子，他在这个世界上懂得是非、能够做善恶美丑的判断，能够有同理心、同情心，能够理解他人、同情他人，并且和他人有很好的合作，即使专业不那么强，他也会有一个美满、幸福的人生。 如果一个人，我前面讲的这些是非的判断、善恶美丑的判断、同理心、同情心的具备都有问题，那么即使专业再强，考试考得再好，上再好的大学、读再好的专业，将来找到再好的工作，我可以确切地告诉你，他不会有一个幸福的人生。 会有很多跟头等着他去栽。

最后我想跟大家讲，这个世界 99% 以上的人是普通人，那也就是说我们今天所有在学校里的孩子，99% 将来也只是过普通人的生活。 也就是说你的孩子 99% 的可能将来也就是一个普通人，过一个普通的人生。 我讲这句话根本不是在打击你，因为我下面还有一句话，这个世界上 100% 的幸福都跟普通有关。 你不要看那么多的有杰出成就的、出类拔萃的，做出伟大事业的人，从幸福的角度你去看看他们的人生、读读他们的传记，谁的人生不是伤痕累累？ 所以你记住我刚才讲的两句话，99%的人是普通人，你的孩子99%的可能将来是普通人，但是这不是坏事，这是好事，因为我下面还有一句话，100%的幸福都跟普通有关。 当你的孩子是一个普通人的时候，你才有可能过上一种普通人才有的幸福、温馨的生活，当然这个普通人是一个有价值观的人，一个有灵魂的人，是一个有境界的人，有格局的人，是一个有更多包容心的人，是一个在这个世界上能够和他人更好地交往的人，有同理心的人，是一个具有很好认知能力和价值判断力的人。 这样的普通人多了，这个社会整体的生活质量就高了，我们每个人生命的质量也就高了。 教育不就是在提升整个人类的生活质量以及我们每一个人的生命质量吗？

让孩子摆脱"内卷"

丁利民

上海市特级校长，正高
级教师，上海理工大学附属
小学党支部书记兼校长，上
海理工大学附属小学教育集
团理事长

在小学教育的这块沃土上，我耕耘了 37 年，亲历了整个教
育生态发生的变化。一期课改、二期课改、"双新""双
减"……跟随时代发展的脉搏，教育也在不断向前发展，教师
对教育的理解、他们的理念在变化、课堂教学中教与学的方式
在变化，家长对教育的期待在变化，我们面对的学生群体在变
化……在这个过程中，唯一不曾改变的，是我们对理想教育的

期许，是那份对教育的初心。

当我还是年轻教师的我，在一个偶然的冬日，阳光的校园里，孩子们自信、专注，每个人都拥有属于自己的成长瞬间，用各种表情自由地活动。老师们微笑着欣赏孩子们的快乐……校园里寻常的情景，在我心里的理解则是"生命的不一样"，"教育的慢生长"。这样一种松弛的、自由的、温暖的场景演化为我所追寻的教育愿景。我想，这也是很多教育人的初心，是理想教育应该呈现的状态。我和老师们描绘了学校未来发展的图景：在我们的眼中，每个学生是如此不同，如此重要。在温馨的学习社区，以善良培育善良，以智慧启发智慧，以生命润泽生命，激发学生对知识的热情，对成长的信心，对社会的适应，对生命的珍视。

我们认为一成不变的教育下，只有那些适应教育的孩子才可能被定义为"好学生"，而这有悖于教育的本原。我们提出"不一样的生命，不一样的精彩"的办学理念，唤起教师对生命本身的关注，看见每一个闪闪发光的鲜活个体。时光荏苒中，由"愿景"引发的坚守与长期教育教学实践，让我们这所上海普普通通的小学，成为老百姓家门口的好学校。一项项不唯学习成绩的指标，是经年累月的深耕细作后焕发出的绚烂的光彩，也是我们对优质教育更深层的内涵的诠释。

在整个外部大环境下，要坚持这样一个理念是需要勇气，也需要定力的。

在内卷时代，"牛娃""鸡娃"这些莫名其妙的热词，都是焦虑的产物，然后发明出来之后继续增长焦虑。这种焦虑来源于择校、来源于竞争，北京大学社会学者郑也夫称之为"学历军备竞赛"。作为教育人，我深深地感受到，对于教育的焦虑感呈现出两个显著特征：一是弥散性，无论来自哪个行业，无论学历背景如何，谈及孩子的教育问题，似乎都逃不过；二是下沉化，从之前的父母为升学困扰，目前的这种焦虑情绪已经下沉到幼儿园，甚至0—3岁的阶段就开始了。

而这样的内卷，真正的源头可能是我们对教育属性的误读。我们很多家长和舆论，会传递这样一个思潮：学习要有竞争，认为这是教育本来的内涵。其实完全不是这样，尤其是对义务教育阶段来说，它是国家用法律确定的权利，是保障性的、基础性的。所以换句话说，它就是非选择、非淘汰、非竞争性的。因此，在这样一个阶段，我们到底是要消耗大量精力做低水平的模仿和复制，还是打破迷思，从无意义、无休止的消耗中摆脱出来，回归到生活最初的样子，去用心感受、看见生命中熠熠生辉的瞬间，让创见与想象力持续喷涌而出，培养出一个真正独立且内心充盈的孩子。

带着这样的期许，让我们来聊一聊"内卷"的真相，共同寻找"反内卷"的动力……

内卷之殇

何为内卷？内卷的概念可以说很丰富，与我们生活息息相关。

直观地说，可以想象一个画面，绕着中心不断地向内画圈。

宽泛一点说，所有无实质意义的、低水平重复的消耗，都可以被称为内卷。它是一种无声无息的、不知不觉的虚度。无论是对个人而言，还是对社会或机构而言，当陷入内卷的泥沼中，往往在"卷"的过程中默默做无用功，直至削弱、耗竭。

内卷之殇无处不在，教育首当其冲。"太卷了……太卷了……"这样的抱怨之声不绝于耳，家长无不望"卷"兴叹，但似乎又不知不觉地"卷"入其中，全力以赴地"卷"出新高度。

对于教育内卷的危害，自然是不言自明的。首当其冲的是对学生身心健康的损害。有一组来自《中国义务教育质量监测报告》的数据，学生视力不良问题凸显，视力不良检出率四年级超过60%，八年级超过80%；学生睡眠时间不足，家庭作业时间过长，学业压力较大。

身心健康外，低效重复的"卷"伤的是学生的创新素养。"卷"的产物，是只会机械刷题的"工具人"，忽略思维品质、学习能力的发展。而未来社会需要的是富有创造力、具有开拓精神，能独当一面解决复杂问题的人才，站在更高视域看，"卷"最终会成为中国创新经济和智能社会发展的极大阻碍。

内卷悄然地消耗了孩子的聪明才智，也削弱了整体的竞争力。基于此，国家近几十年来，出台了一系列政策，为教育减负，我们做一个简单的罗列：

1955年7月,教育部颁布新中国成立以来第一个减负文件《关于减轻中小学生过重负担的指示》;

1964年,教育部临时党组颁布《关于克服中小学生负担过重现象和提高教育质量的报告》;

1988年5月,国家教委专门发布《关于减轻小学生课业负担过重问题的若干规定》;

1994年11月,国家教委颁布《关于全面贯彻教育方针 减轻中小学生过重课业负担的意见》;

2000年1月,教育部颁布《关于在中小学减轻学生过重负担的紧急通知》;

2009年4月,教育部颁布《关于当前加强中小学管理规范办学行为的指导意见》,再一次要求减轻学生过重的课业负担;

2009年4月,教育部发布《关于当前加强中小学管理规范办学行为的指导意见》;

2010年,国务院印发《国家中长期教育改革和发展规划纲要(2010—2020年)》,"建立中小学生课业负担监测制度"首次被写进纲要中;

2013年8月,教育部发布《小学生减负十条规定》,明确"小学阶段不能留书面作业""小学一至三年级不举行任何形式的统一考试"等具体实施要求;

2018年12月,教育部、发改委等九个部门联合发出《中小学生减负措施》(减负三十条),进一步细化减负举措;

2021年7月24日,中央办公厅、国务院办公厅印发《关于进一步减轻义务教育阶段学生作业负担和校外培训负担的意见》；

……

当我们把这些文件逐一梳理，足以窥见国家对于"双减"工作的重视程度。即便如此，内卷之殇仍以难以遏制之势席卷铺展。

北京大学中国社会科学调查中心（ISSS）发布的中国家庭追踪调查 CFPS 2010—2018 的数据显示，孩子的养育成本占家庭收入的比率接近 50%，而其中教育支出占养育成本比率达 34%。

此外，汇丰银行在 2017 年就教育投入、教育理念和对孩子的教育预期等，对来自全球 15 个国家和地区的 8 481 对家长，发布了一个调查报告。数据显示，虽然中国人均收入不到发达国家的 1/3，但中国父母对于子女教育的支出已经和发达国家处于同一个水平。[①]

调查对象中，63% 的父母为孩子在补课机构交过学费，中国大陆 93% 的父母给孩子报过辅导班，比率位于全球第一。

从上面两项数据足以看出，家长在教育投入上花费不小。家庭教育支出的巨大，显然与教育减负、教育公平的旨归是格格不入的。陷入内卷，投入的是大量的成本，费用是其一，更重要的是时间成本。

---

① 梁建章、任泽平：《中国教育内卷报告——内涵的原因危害、对策研究、政策建议》，https://mp.weixin.qq.com/s/quA3dk9MkH3ltayGvwv7Pw。

学生这头，在 2015 年国际学生评估项目（PISA）数据中，中国大陆学生每周学习时间超过 60 小时的占 40.7%，远远超过美国（21.8%）、英国（10.8%）、德国（4%）等国家。在 2018 年的 PISA 数据中，中国学生的课外学习时间远远长于经济合作与发展组织（OECD）国家。参赛国家学生每周学习时间（包括课内和课外）平均为 44 小时，而中国大陆（京沪苏浙）学生每周学习时间要达到 57 小时，超出平均值 13 个小时。

家长这头，也深陷泥沼，为内卷这场无声的"战役"，耗费大量精力。北京大学中国社会科学调查中心发布的《中国家庭追踪调查》显示，2010—2018 年间，中小学生家长每周辅导作业的时间节节攀升。

表 1 中小学生家长每周辅导作业时间变化

年　级	2010 年	2018 年
一年级	4.91	7.84
二年级	4.69	6.63
三年级	4.08	6.29
四年级	3.34	5.06
五年级	2.58	4.64
六年级	2.23	3.78
七年级	2.04	3.88
八年级	1.27	2.52
九年级	1.16	1.75

资料来源：北京大学家庭追踪调查。

内卷之殇，如暗流一般，吞噬着巨大的社会资源。导致家长对子女教育的无效投入越来越多，学生在低效重复的"刷题"与考试压力中越来越迷茫，在教育改革内卷化的生态中寻求出路，努力跳出圈圈，回归到向外突破、创新和创造的新常态中。

无处不"卷"

无处不"卷"、无"卷"不欢，对中国人来说，"卷"可能是整个中国乃至东亚的一种文化，也就是说我们想超越，想出人头地，是我们东亚文化中的一个非常重要的内容。我们非但自己想超越，我们更希望孩子能超越，这是我们很多父母的期许。"超越"无可厚非，但要命的是，选择的方式并不明智。内卷的实质是在内部深挖、寻求寄托，而没有开拓创新的勇气去适应外部挑战，在无意义的"折腾"中，困在僵化的局面中，逐渐磨平锐气与斗志。

"你家孩子报了什么班呀？"俨然成为家长寒暄交流的重要话题。孩子课后去什么补习班、如何在升学中有更好的表现，这些都让家长操碎了心。双减了，取缔了很多机构，并没有"大快人心"，反而让家长更愁了。没有正规机构，那就一起团课，总而言之不能让孩子在业余时间空下来。我的学生中也有说起妈妈还是千方百计给我去报班，家长在这方面对孩子循循善诱。孩子你真的很想去吗？他说是的，因为妈妈说我可以学到很多，因为隔壁的小朋友比我学得多，爸爸妈妈会用这

　让孩子摆脱"内卷"

样的方式激励孩子，你要学更多，他学游泳，我们学马术，他学奥数，我们学奥数再加英语，再加钢琴，然后这个孩子双休日就在培训机构或者在去培训的路上，爸爸妈妈也围绕培训调整了生活的状态，建立了相应的朋友圈。

内卷的父母可能加入了好几个群，分享各种让孩子卷起来的途径和方法。内卷的家长内心有哪些想法？

首先一个想法是孩子是可以拿来比较的。我们家的 6 岁他们家的 6 岁是同班同学，他们家的学得那么好，我们家的学得不好，说明我们不如他们，基本上就是拿孩子在做这样的比较，这样比较的前提是孩子都一样，都一样确实可以比较，但是孩子一样吗？

我曾经有一对同卵双胞胎的学生，几乎很难在外表上分清他们哪个是老大，哪个是老二，老师对他们进行了非常深度的观察，发现老大很有男生的气质，喜欢奥特曼玩具，喜欢枪、器械。老二虽然也是男生，却喜欢女孩子喜欢的娃娃、手链之类的饰物。老大和老二的作业放在一起比较也可以看出区别，老大的作业大大咧咧，写得比较马虎，而老二的作业眉清目秀，干干净净。据说同卵双胞胎有近乎百分之九十九点几的相同基因，相同的生长背景，相同的教育背景，然而这两个孩子差别很大，孩子犹如世界上的树叶，没有一片是相同的，哪怕他是双胞胎。所以，你拿一个孩子比和另一个孩子比，有意义吗？

做父母的我们要抛弃"他应该""他本该"等不理智的想

法，接受孩子和我们不一样，孩子是独一无二的。如果孩子跟我们的想象不一样，我们应该无条件地接受他现在的样子。

家长第二个想法是，孩子不能输在起跑线上。每一年入学的孩子中都会有这样一些孩子家长很自豪地告诉我，校长，我们已经学会一百以内的加减法，还有的说我们把简历给你看，我们在幼儿园参加过很多比赛了，我们这个孩子非常棒，爸爸妈妈在超前教育上面花了很多的力气，有的家长说我们孩子已经认识了两三千字，在做校长的这二十多年里，我看到过很多这样的孩子，超前地学习，但是很快最晚到三年级，他就被定格在一个和自己能力相匹配的位置上，被学习能力强的孩子超越了。昨天有个老师告诉我说我班上有一个孩子是这样的，零起点入学，觉得学校的教材还有点难。但是现在这个孩子在哪里？进了清华。每个孩子有自己的成长节奏，父母需要很笃定地让孩子在每个阶段该做什么做什么，所以孩子并没有落后，他只是按照自己的节奏在成长，要静待花开。起跑线到底在哪里？人生不设限，没有起跑线。比如说像爱因斯坦，他在少年阶段，几乎完全是一个落后生。可是它不妨碍爱因斯坦成为影响人类的大科学家，家长不要轻易地拿自己孩子跟同龄人比，或者说我们用同龄孩子的最高要求去要求自己的孩子，或许你的孩子就是晚启蒙，但是说不定后发制人。

家长第三个想法是，憋着一股子劲在培养孩子。核心信念是，"我没有实现的，要靠你来完成"。很多家长会说，你看我在单位里面，这次提拔没有我的份，提拔了一个名校毕业的，上次加工资又没有加到，因为竞争对手是研究生毕业，家长把自己人生的遗憾都化作期望，告诉孩子说你一定要好好读书，未来的人生才不遗憾。那背负着父母期待的孩子非常痛苦，因为他并不清楚父母经历的痛苦，父母的苦衷在哪里，为什么他要去这么做？在面临重大的挑战面前，孩子变得抑郁、焦虑。心理学家称之为空心病。他不知道为什么要每天学那么多东西，因为爸爸妈妈的人生期待，他没法感同身受，这会带来什么？孩子为了符合你的期待，可能会说一些撒谎的话，人际交往的能力比较弱，容易产生亲子冲突甚至关系破裂。在小学高年级段的心理课上，通常就会有小朋友在说，跟妈妈没有什么好说的，妈妈跟我说得最多的话就是快点，还有其次就是你可以做功课了，你可以弹琴了，你可以出发了。总之就在旁边催，他说妈妈就是催催催，催命鬼，感受不到妈妈像定海神针那样温柔，全面呵护、全力支持，妈妈是大地，但是我们现在很多的孩子没有踩在这片坚实的土地上。到了初高中，这部分孩子很多会发展成厌学厌世，内卷给孩子带来这么惨痛的教训。

顺势而为

那么父母可能会说，"卷"是不好，那么怎么才叫顺势而为，难道我们就真的"躺平"，任由孩子自己去闯荡吗？父母是"过来人"，比孩子更认清现实。从这个角度看，父母是

"居高临下"的，是孩子的人生成长道路上的"导师"。而教育这门艺术的困难在于协调父母的合理期待和孩子的个性：一方面不能以自我的愿望来取代孩子的愿望，另一方面要懂得为孩子"建立愿景"。这需要取得平衡、需要养育过程中不断地积蓄智慧。

"我们也不想卷，但是没办法啊。"这也是我经常听到的一句话。家长在"卷"的焦灼中表现出无奈与纠结，认为"卷"是大环境造成的，自己只是被裹挟前行的一员。在我看来，"卷"与"不卷"是有选择的，而选择的动因需要我们回归教育的本原，好好地想一想我们的"预期"，回答这样一个问题：我们希望孩子未来的理想生活状态是怎样的？我们又希望通过教育带给他们什么？

这个问题似乎有点大，那么再具体一些，举个我身边的例子：有一对爸爸妈妈生了两个孩子，哥哥和妹妹，哥哥天资聪颖，父母对他要求高，期待高，名校毕业，但是和周围人关系紧张，不幸福。而妹妹，天资还可以，学业平平，工作也比较普通，但是自信满满，朋友很多，婚姻也非常幸福。试想一下，如果你孩子的人生在这两个人中只能选一个，你期待他更像哥哥还是更像妹妹？

我问过身边很多朋友、家长，他们无一例外地都选了像妹妹这样的人生。孩子很普通，但是这个孩子未来的生活却是我们家长放心的，这个哥哥却让父母不安心，觉得哥哥现在这个样子没有人关心，没有人照顾，个性也非常令人担忧。而调查背后呈现的是，作为家长，我们在乎的是一个孩子的学业和事业，还是更在乎孩子的幸福。而奔向"幸福"人生，显然不是通过限制创造力的内部竞争、低水平的模仿重复、限制自由学习空间的考试刷题实现的。幸福的源泉是内在力量的积蓄，在于孩子成长的过程中，不断地汲取养分、充盈能量，蓬勃地向上生长，形成健全的人格。而家长最重要的角色，是陪伴、是呵护、是充分的支持、是适时的引导，帮助孩子积蓄"幸福"的内在力量，这是他未来人生道路的底气。

那到底怎样培养一个人格健全的孩子？美国心理学家埃里克·埃里克森(Erik H. Erikson)提出了人格的社会心理发展理论，把心理的发展划分为 8 个阶段，指出每一阶段的特殊社会心理任务，并认为每一阶段都有一个特殊矛盾，矛盾的顺利解决是人格健康发展的前提。

表 2 埃里克·埃里克森的社会心理发展理论

阶　　段	年龄范围	重要事件	描　　述
1. 基本信任对基本不信任	出生至 12—18 个月	哺育	婴儿必须与照料者建立最初的爱和信任的关系，否则就会形成不信任感。
2. 自主对羞愧和疑虑	18 个月—3 岁	如厕训练	儿童的精力多用于发展运动技能，如走路、抓握、排便等。若能控制自如，则发展顺利，否则会形成羞怯和疑虑。
3. 主动对内疚	3—6 岁	独立	儿童变得更加自信和主动，但过多强迫、命令会导致其产生内疚感。

阶　　段	年龄范围	重要事件	描　　述
4. 勤奋对自卑	6—12 岁	上学	儿童必须学会新的技能，以满足自身需要；否则会产生自卑感、失败感和不胜任感。
5. 同一性对角色混乱	青春期	同伴关系	青少年必须在职业、性别角色、政治和宗教等方面获得同一性。
6. 亲密对孤独	成年早期	恋爱	青年人必须建立亲密关系，否则会感到孤独。
7. 繁殖对停滞	成年中期	抚养、教育后代	每个成年人都必须发现一些满足和支持下一代的方法。
8. 自我整合对绝望	成年晚期	反思和接纳自己的人生	完善感是一种自我接纳和自我实现的感受。

资料来源：Lefton, L.A.(1994). Psychology(5th ed,) Upper Saddle River, NJ：Pearson Education, Inc.

俗话说"到什么山头唱什么歌"，到哪个阶段就应该抓住这个阶段的主要矛盾，而如果错过这个阶段，化解和这个阶段对应的问题就变得非常困难，甚至在他日后一生都留下阴影。我们谈一谈前面几个阶段：

第一阶段，出生到 12 至 18 个月，重要事件是哺育，主要矛盾是基本信任与基本不信任，说明的是什么？这个时候的孩子和整个世界是一体的，饿了就要吃，乏了就要睡，不舒服了你及时回应。如果他没有得到及时回应，没有得到无条件支持，他会觉得这个世界是不安全的，是不信任的，他不信任这个世界，而如果得到了及时的回应和全面的照顾，他会觉得这个世界是值得信任的、安全的。 也就是我们成年人会说这个人没有安全感，那么安全感什么时候构建的？ 就是这个时候，如果错过要弥补，可以吗？ 可以，有点难。

第二阶段，18 个月开始到 3 岁，重要的事件包括发展运动的技能，孩子开始摇摇摆摆地从爬到走、拿东西、排便，等等。 如果他能够控制自如，比如说他知道大便要到厕所里或者尿盆上面拉，而不是随便就拉在身上，因为到了这个年龄，可能父母也不给他一直用尿片，所以孩子如果发展得不顺利，他会有羞愧和疑虑。 因为父母会责备他，如果发展得好，他会觉得自己能够自主，为下一阶段的独立发展奠定了很好的基础。

第三阶段，3—6 岁，他的能力更强了，他开始探索这个世界，变得更加自信和主动。 但是如果这时候的养育者更多的是用逼迫的、命令的、强迫的办法，可以令这个孩子产生内疚感。 这个阶段孩子是很难搞，比如说他自己要穿袜子，但是穿不成，然后又哭又闹，你要帮他穿，他又不要你穿，他的一对矛盾是主动对内疚，主动对内疚也就是说他做不好，他会更加产生内疚感，他认为自己一直在被爸爸妈妈责备，也没有能够完成自己想做的，那他会非常疑虑自己的能力到底行不行，那如果你鼓励他，他就会变得更主动，更积极。

第四阶段，6—12 岁，也就是我所教的小学阶段，上学是重要事件，儿童都是天然的学习者，他们对这个世界充满了好奇。 我们关于小学培养的大纲当中，小学段的任务并不是定位在学习语文、数学、英语、音乐、体育、美术这些学科的知识点上，而是定位在培养孩子良好的学习兴趣和习惯上。 能不能理解学科的学习还不是小学的重点，因为他还没有到达这样一个时间点。

这段时间他要学很多新的东西，从幼儿园到小学要学什么？ 到了小学，有很多的老师要认识，有很多同学要认识，这个对他来说很难吗？ 对一个这么小的孩子来说，这是很难的。有的时候孩子回来情绪不佳，并不是因为他学习没有学好，而是可能他今天在跟同伴交往的过程中发生了困难。 如果说你觉得儿童在小学要学的首先是语文、数学、英语就错了。 他其实首先要学的是适应小学的环境和氛围，他要跟每个老师打交道，跟每个同学打交道，而且他要学习握笔写字，他要学会上体育课到大操场上去奔跑，操场到教室比幼儿园远了挺多。

对孩子来说这么大的环境是非常具有挑战的。 其中主要矛盾是什么？ 勤奋对自卑。 什么意思？ 意思就是说他如果学到了这部分，他未来会发展出一个人格特质，就是很勤奋，他觉得只要努力去探索并掌握了这些技能，就能够实现自己的目标，他会对做那些有效果的事情充满了意义感和兴趣。 如果不行，他就会产生自卑、失败和不胜任感。

不要让孩子失去锻炼的机会，有个小朋友一年级的时候老师都好喜欢他，因为他所有的事情你跟他说，他就说我不会，老师说这个孩子奶声奶气的，真萌。 但是老师发现，到了二年级他还是这么说，"我不会"。 这背后是什么？ 孩子的习得性无助，因为家庭里说我不会就会得到大人帮忙，替代他做了很

让孩子摆脱"内卷"

多事情。 包办替代的养育方式，让孩子丧失了学习新技能的能力，他从此学会的是自卑。 所以你们不要说我的孩子好像胆子不大，很大原因是家长造成的，另外，不要在孩子面前说他的缺点，也不要在外人面前说自己孩子的缺点。 如果他真有某个方面的缺点，你检视一下我们的养育方式中有什么样的问题，需要的是在生活中更多改进、鼓励他，那样才是改变孩子弱项的好办法。

后面的阶段我们不一一展开，我们可以看看第七阶段繁殖对停滞，它是指成年中期，我们的重要事件是抚育教育后代，那成年人都会发现一些满足和支持下一代的办法。 那有人就说了，他说我们是不是养了一个小朋友，我们就会有这样的一个繁殖对停滞，停滞和繁殖指什么？ 繁殖和停滞指的是我们除了生理上的繁殖，还有精神上的繁殖。 中年危机发生在停滞这个部分，如果我们因此停滞，没有和养育孩子过程共同成长，那我们就进入了中年危机，即所谓的停滞阶段。

回到生活

一个孩子的成长要经历这么多"关键时刻"才能形成健全的人格。 家长可能会说，好难呀，每一个环节是不是都要小心翼翼，都不能有一点疏漏。 家长正是起到引导、传递、建议和教育作用的人，我们也有犯错误的权利。 事实上，教育的过程怎么可能是"完美无缺"的。 在养育孩子的过程中，最大的拦路虎不是"疏漏""犯错"，恰恰是很多家长并没有进入生活，没有捕捉到"生活即教育"的真谛。

校外培训行政处罚暂行条例出台之后，很多家长支持周六至周日适当去校外培训，因为培训减少了玩手机的时间。在爸爸妈妈看来，如果没有培训，孩子可能就陷入没完没了地玩手机的状态。为什么？因为爸爸妈妈也不知道怎么安排周末的生活，生活原来的样态不见了，所有的生活就是围绕着培训。

那么这时候我们到底应该怎么生活，回归生活？我们到底如何通过高质量的陪伴，让孩子在生活当中去养成刚才表格上的那些关键的人格特质？我们看看我们现在有相当的生活处在这个境地，我们来看孩子经常会跟我们抱怨的，大人全在看手机，爸爸妈妈爷爷奶奶全都在玩手机。我也看到现场很多家长一直在看手机，手机已经变成世界范围我们生活中的"魂"，好像所有的关系都在手机里面，所有的工作也在手机里面。

孩子很兴奋，爸爸，你看，你快看，你看我厉不厉害，他肯定是取得了某项进步，家长一边应承着，一边仍然手机不离手。有时候在小区里也会看到，爸爸妈妈一边看手机，一边陪孩子，孩子在那里玩，其实也蛮想跟爸爸妈妈一起玩，可是爸爸妈妈放不下手机，手机太好玩了。你似乎也是在一起陪伴这个孩子，但这种陪伴是无效的。

我说这样的生活是孩子需要的吗？值得我们去斟酌。我们学校有很多社团，其中有很多的球队、篮球队、网球队、棒球队，我们双休日会有一些国际学校跟我们比赛，啦啦队里大多是一些爸爸。这些爸爸，凡是球队有活动他们全部出席，是孩子非常有力的后盾，他们的孩子非常自信，在学习上也有毅力去战胜困难。

我们在公园里也会看到爸爸妈妈和孩子，但往往是爸爸妈妈各自拿着手机，孩子自己玩，我们一起活动，一起在大自然里面，一起在家里面吃一顿面对面、心对心的晚餐。共同参与是高质量陪伴的很重要的部分，有的家长会抱怨说，那现在我们怎么办？我们这个年纪正在事业的上升期，我们要拼事业，我们要拼职位，要拼自己职业的成长。爸爸也是，我这边有一个家长，他是某个区的领导，但是他一有空，就是孩子的玩伴。我真的很感动，因为他住在我们小区，经常看到他陪伴儿子的身影。

你们也都认识武亦姝，她在诗词大会上的表现非常亮眼，但是其实这个孩子小时候不爱学习，不爱读书。那她爸爸怎么做的？每天下午4点30分开始，关掉自己的手机，陪孩子读书，玩角色扮演，改编名著，玩诗词接龙，肯定爸爸也非常喜爱读书，一起享受文字的博大精深，孩子在他这样高质量的陪伴下面，有了今天。

除此之外，我们还能干什么？尊重互爱。我们有的家庭跟孩子一起商量，我们定家规，我们有一个爸爸，是处级干部，很忙，但是周末下午2点到晚上6点，就是陪孩子和太太，三个人一起，要么外出，要么在家做游戏，要么聊天，雷打不动。每星期给太太和孩子两三个小时在一起的时间，这个时段长和不长不是关键，有质量是关键。

和孩子有深度的交流，我们从国外的电影看到，有些国外的父母有一个睡前会给一个晚安吻的仪式，这个时间有时候爸爸妈妈会跟孩子做一些推心置腹的深度的交谈。有一次我看一个电影，看到一个父亲晚上回到家孩子已经差不多要睡了，然后他说小伙子怎么样，今天过得好不好？那儿子很小，说很好。爸爸说你有什么话要对爸爸说吗？孩子说没有。爸爸说那我们两个玩个游戏好不好？我们交换一个小秘密，爸爸说爸爸小时候尿过床，男孩子说真的吗？在夜晚人更加容易进入情感和情绪状态，类似交流非常让孩子投入，改善亲子关系。这么好的亲子关系，未来孩子有什么过不去的？

享受生活

当我们回归生活，沉浸于真实的生活片段中，和孩子一起经历、分享、交流，我们会看到孩子真正的需求，会彼此走近。这在一定程度上，会平息我们内心的焦灼感，在虚无繁复的内卷化状态中跳脱出来，去探寻弥足珍贵的"真实感"。在此之外，更高的期待是"享受生活"。

家庭治疗师萨提亚在《爱的法则》中写过这样一段话，分享给大家：如果你爱我，请你爱我之前先爱你自己，爱我的同时也爱着你自己。你若不爱你自己，你便无法来爱我，这是爱的法则。因为，你不可能给出你没有的东西。你的爱，只能经由你而流向我，若你是干涸的，我便不能被你滋养，若因滋养我而干涸你，本质上无法成立。

拨开"卷"的真相，我们看到了父母们的焦虑，自身的"求而不得"，便将满腔的期待与热忱付诸孩子。拼尽全力，却忘记了孩子的成长需要留白，教育需要守常，一个人的自驱力才是决定他走多远的关键因素，而不是靠外力、蛮力，把孩子绑上竞争的战车。在教育孩子的过程中，我们始终要谨记：你若安好，便是晴天。家长的自我成长，是给孩子最好的礼物。教育的本质是生命与生命之间的美妙互动。好的教育，是身在其中的每一个生命都是有质量的，都可以活成自己最好的样子。

我们常说"言传不如身教"，其实孩子身上的多数习惯——无论是好习惯还是不好的习惯都是我们父母有意无意地培养出来的。父母每时每刻都在教，以至于自己没有意识到自己在教。而这些教育是隐性的、润物细无声的、潜移默化地发挥着作用，相比于外显的教育行为，这些内隐的教育威力大得多。意志、胸怀、品德等这些最重要的因素都是通过这些"潜教育"化进孩子的血肉里的。当我们积极乐观、享受生活，活成自己最好的样子，孩子一定也是自信阳光、恣意生长。当家长把目光回到自身，学会自我成长，教育道路上的很多难题会迎刃而解。

自我成长体现在对关系的处理，比如，夫妻双方在教育孩子过程中的角色处理。在对孩子的教育上，很多夫妻是内耗，相互指责，都认为错在对方，尤其是很多家长喜欢在孩子面前争吵，这样很容易伤害到孩子。 提高教育效果的一条基本准则就是维持大人之间的团结，寻求一种"教育共识"，小心因为立场分歧而分道扬镳。 因为如果父母本身的教育理念和行为是不一致的，会落入孩子设置的陷阱：容忍他任性的是"好人"，板起脸来训人的是"坏人"。 只有当父母统一战线，在孩子面前相互补台、相互支持、相互合作，才能树立威信、对孩子的教育才更有效，促使孩子在良好的家庭氛围中健康成长。

又比如，夫妻本身的关系。 虽然都希望夫妻和睦，但成年人的世界很复杂，离婚了怎么办？ 离婚对孩子的伤害不是最大的，最大的伤害是你不管在婚姻里还是在离婚后，攻击另一半，父亲攻击母亲，母亲攻击父亲，比如母亲说你看我对你好还是你爸爸对你好，你爸爸一天到晚不着家，你爸爸怎么样怎么样，或者离婚了告诉孩子你爸爸对你不负责，抚养费不给，什么也不给，他根本就不爱你。 这些话都极具杀伤力，哪怕离异了，不要在孩子面前说孩子亲生父亲或者母亲的坏话，孩子有一种天然地忠诚于自己的父亲和母亲的欲望，损害了父母就等于损害孩子。

教育也好，人和人交往也好，关系是第一位的。 这也是我们父母的第一项必修课。 无论是夫妻关系、同伴关系、亲子关系，当关系处理好了，就有了更多可能性，而关系不好，很多付出都是徒劳。 举一个亲子关系中的例子，当你的孩子说，"妈妈，今天作业好多，写得好累"，你会怎么回应？ 很多家长可能就脱口而出，"你上学这么轻松，还说累啊……"紧接着一通继续让他写的说教。这种亲子沟通的程序，会导致什么结果：孩子感到反感、委屈，更不愿意写了。站在孩子的角度，他可能真的觉得累了，可能他有点贪玩，想休息会儿。站在家长角度，你以为你是为他好，希望他快点把手头的任务完成了。当我们把这样的场景剖析开来，就会发现症结所在：学生是人生的小学徒，父母是有正向引导的义务的，但是在亲子交往中，先处理关系再给出建议，站在别人角度，用别人喜欢的方式去表达爱，让他接纳你，才能接受到你的爱。否则，纯粹的"我是为了你好"这句话就会显得苍白无力。孩子表示累了，先抱一抱自己的孩子，理解他的不容易，可以稍微放松一下，但是也给出要求，休息好了作业得继续认真完成。我们希望孩子能够学习、体验"他人的感受"，避免他们成为以自我为中心的小皇帝，那么父母的共情与理解，何尝不是为孩子上了最好的一课呢？

自我成长体现在对情绪的控制。 在教育的路上，我们注定要面对很多问题。从孩子出生时的欣喜期待慢慢变成甜蜜的负担：我们会因为孩子的学业表现而焦虑，会因为孩子成长中的叛逆而烦恼，我们在顺从与惩罚间纠结，怕溺爱模糊了规则界限，又担心责备带来消沉。在养育孩子的过程中，有时无所适从。网上有很多视频，真实还原了"成年人"的崩溃瞬间：孩子写个作业要磨蹭好半天，好不容易写完了，一检查错误连篇；在家里，你说东他说西，不满足要求就耍赖哭闹……镜头前的家长们瞬间崩溃，对孩子大喊大叫，甚至采取打骂等方式，试图"力挽狂澜"，获得"压倒性胜利"。其实，对于困难的事产生抵触情绪、跟家长顶嘴等，这些都是大多数孩子成长过程中的普遍现象，是孩子一般成长规律决定的。无论是孩子的偏差行为，或者某个阶段的成长问题，都是可以基于对成长规律的把握和了解，找到科学的方法来应对和解决。前提是作为家长，先要学会管理自己的情绪，只有当我们有了一个稳定的情绪、平和的心态，才可能用更理性的方式来处理教育过程中的难题。

举个例子，孩子小时候会发生一些令父母很抓狂的事情，比如在商场里赖在地上要玩具。遇到这样的情况，正确的做法是什么？爸爸妈妈怎样做才好？我们看到一个妈妈做了一个教科书级的陪伴，把还在地上耍无赖的孩子拖到旁边，等着他情绪发泄完，她说妈妈看到你很难过，你很想得到那个玩具，可是妈妈这个月真的没有预算给你买玩具，那你就哭一会，那孩子就哭。这个做法是什么？我看见了你的情绪，你的难过，这非常重要。但是妈妈不会因为你耍赖，赖在地上哭成这样就满足你，这不合理，肯定这个需要不合理，妈妈才没一开始就满足。这就是温柔的坚持，是我们面对孩子无理要求的一个很好的办法，而不是说我们当场就用自己的情绪回报他的情绪，大家都爆发不良情绪，或者打一顿孩子，这些方式都不可取。

家庭是孩子成长的主要空间，不良情绪这颗雷在家里，它不定时就会爆发，孩子的身上总是不可避免地继承和延续了家长身上的部分情绪和性格。试想一下，如果孩子成长在一个经常焦虑、充满争吵的家庭氛围中，面对情绪不稳定的父母，那么这个孩子很可能会往两个极端发展，要么模仿他的爸爸妈妈，脾气特别差，要么就会特别畏缩、胆小。显然，这不是我们所期待的结果。其实，大多数家长在大吼之后，面对孩子惴惴不安的脸，都会感到自责、后悔，告诫自己要控制自己的情绪，但下一次类似情况出现时，又忍不住发火。因此，给大家的一个建议是：当我们有了负面情绪，不要立刻下判断，不要立即与孩子交流，先让自己冷静下来，有一个缓冲的时间，或者找其他途径转移注意力，等情绪平复了再去和孩子沟通。虽然说起来简单，但真的做到需要我们做一些刻意练习，在教养孩子的过程中，认识自己的情绪、接纳情绪、正确处理情绪，让自己充满正能量，也把正向积极的能量带给周围的人，带给孩子，让整个家庭环境变得有序和美好。

自我成长体现在不断地学习和提升自己。父母好好学习，孩子天天向上。有家长觉得自己的孩子目前好像没什么问题，所以自己不需要学习，这种认知本身就是不科学的。"学然后知不足"，只有持续地学习，才能有更广的见识，帮助我们去检视、去反思教育过程中的得与失；只有持续地学习，才能让我们在教育之路上更从容，了解孩子的成长规律，知道孩子在不同的阶段将经历什么、会有哪些特质，从而能更有针对性地引导和解决，不会问题来了手忙脚乱、束手无策，更不会等到

"出了事"才补救。 比如，0—3岁要建立孩子的安全感，3—6岁是孩子自我中心形成的时期，小学低年级要关注孩子习惯的养成、青春期的亲子沟通方式等。 成长型父母能够自我提升，完成智慧觉醒，基于心理学、教育学等理论基础，不断更新教育理念，用科学的教养方式为孩子成长创设良好的空间，提供一个积极、支持和鼓励的教育环境，陪伴孩子幸福长大，书写未来无限的可能。

"反内卷"锦囊

内卷的背后是焦虑，是教育理念的偏差。 当我们认识到孩子的发展是慢的艺术，不能功利地揠苗助长，回归到对人的生命发展的关切，对孩子终身发展的关注。 那么，"反内卷"并不是难事。

知易行难，有的家长可能会说，我想反内卷，但是好像也不是一朝一夕能做到的。 看看别人家的孩子，看看自己的孩子，总忍不住要去"比较"，比较了就徒生烦恼。 这里有一个"反内卷"锦囊，给你一个"卷"的方向。 如果忍不住要卷，请你从这两个方面卷，给孩子一些正向的支持。

一是强健的身体。家长会说，你刚才不是说强健的心理品质，人格品质最重要吗？ 那我要告诉你们，强健的心理素质的前提就是一个强健的身体，没有一个好的身体，这个孩子不可能有很强的心理素质，他未来面对人生一个又一个的考验，中考、高考，他哪怕平时学习成绩再好，我们也会看到他在那个时刻退缩了。所以在这个部分所常见的身体是他面对未来幸福人生的一个最重要的前提，要卷就从这里卷起，有的孩子在小学阶段，一顿饭咽也咽不下去，对食物没有欲望的，你看他就弱弱的，小学 35 分钟上课时间，上到 20 分钟，不要 20 分钟，10 分钟他就开始打哈欠，然后脑力就跟不上了，然后你问他，他就不晓得说什么了，开始动，我们说这个孩子思想不集中，注意力不集中，事实上，注意力也是身体，需要生理基础。一个身体很强健的孩子，注意力更容易保持，心理素质也更好。

二是开阔的眼界。父亲的作用是什么，父亲是天，天是什么，是孩子远大的志向。用父亲的事业告诉孩子这个世界很大，你要去展翅飞翔。爸爸在这里，你不用怕，妈妈也可以做这个事情，对吗？你不要让他只知道读书写字这两件事情，你可以看着电视上的新闻跟他聊聊，我们现在的卫星是几号，又升天了，对吧？马斯克他在做什么？怎么回收的这个火箭？跟他聊聊，不要一开口就问他作业做好了没有，考试考几分，可以跟他讲点新闻，聊聊天，告诉他，世界上有很多的事情在发生，我们这个国家在发生什么样的变化，我们这个世界在发生什么样的变化。当这个孩子有开阔的视野和眼界，他是不会为眼前一点点小的困难被吓到的，他知道这个世界有更广阔的天地等他去遨游、去探索。

三是良好的亲子关系。有一个心理学家曾经定义关系，说你要去衡量两个人之间的关系好不好，有一个标准，就是你们在一起说废话的时间越长，表明你们两个的关系越铁，用这个标准去衡量你们跟孩子的关系，你们有多长时间没有跟孩子说过废话了？废话是什么？有一搭没一搭，孩子跟你说，今天我们班有个小朋友怎么，他带了一个什么什么到我们班上来，你听着一点都没有兴趣，但是你要认真听，你跟他说是吗？你喜欢吗？后来怎么样？投入这样的过程，看上去就是废话，但价值是跟他构建了一个非常铁的亲子关系。未来，这个孩子学习上碰到困难，他不会为难，也很难早恋，因为家庭很温馨，他觉得生活有滋有味。

黎巴嫩诗人纪伯伦在《论孩子》中这样写道：

你们的孩子，都不是你们的孩子，

乃是"生命"为自己所渴望的儿女。

他们是借你们而来，却不是从你们而来，

他们虽和你们同在，却不属于你们。

你们可以给他们以爱，却不可给他们以思想，

因为他们有自己的思想。

你们可以荫庇他们的身体，

却不能荫庇他们的灵魂，

因为他们的灵魂，

是住在"明日"的宅中，

那是你们在梦中也不能想见的……

的确，每个孩子都是独特的、独立的。父母只能给予孩子爱，却不能代替他们思想、灵魂的形成。理想的教育是形成一个良好的生态，让每个孩子找到适合自己的发展方向。它是多元的、灵动的、充满爱与力量的。

摆脱"内卷"，关乎爱、关乎生命的成长、关于未来。让我们保持觉知，为孩子构筑起自由、和谐的空间，回归生活、享受生活。用更理性的思考、更高维的预见，给予孩子爱与尊重，彼此走近、彼此联结，在真实而温暖的生活中，感受更多的美好，拥抱生命成长带给我们的无限力量！

扔掉付出感

杨　敏

上海开放大学人文学院
教授，上海开放大学家庭教
育研究中心主任

　　2021年9月，智课教育和新浪教育联合发起推出了《中国家长教育焦虑指数调查报告》。这个报告调查的范围是全国，调查内容包括社会环境、教育资源、家庭关系、父母成长四个方面；调查对象是70后、80后及90后的家长；发放有效问卷32 205份。调查结果显示，目前家长焦虑的比率非常高，比较焦虑和非常焦虑达68%，只有6%的家长表示不焦虑。

哪些阶段孩子的家长比较焦虑？小学、初中和高中。焦虑的问题有哪些？孩子的学业、择校、校园安全、课外补习以及教育经济负担，这五个方面排在前五名。

调查结果显示，在当下社会中，家长们最焦虑的事情既有孩子的，也有家长自身的。对孩子最主要的焦虑和担心，一是生怕孩子在最初阶段输在起跑线上：学习习惯不好；个人素质不全面。二是生怕孩子将来人生不成功、平庸甚至失败，贫穷、地位低、受气、不如人。对家长自身的焦虑和担心，集中在生怕自己在养育孩子、教育孩子过程中能力不够、金钱不够、精力不够。

调查结果也呈现了在面对教育焦虑时，家长的一系列应对、思索、策略与行动。首先，很多家长最终的教育方向是要让孩子有应对未来的能力，包括想为孩子准备一切，诸如坚实的物质基础，良好的教育条件，宽阔的人生平台等。在应对行动上，大量家长一方面想方设法送孩子去最好的学校，一方面尽力给孩子最好的家庭教育，为孩子的成长铺好家庭和学校两大基石。

值得注意的是，调查结果还显示许多家长在孩子教育最终目标的设定上，已经具有很强的国际意识和时代理念：一是提升孩子的标化成绩（硬实力），二是注重培养孩子的个人能力（软实力）；两者合一，在于让自己的孩子具有个人独立意识、个人发展能力、合作沟通意识、研究探索精神、领导组织潜力以及利他精神等。

站在人类发展的长河之岸理性思索：当下我们为教育焦虑的时候，实际在焦虑什么？ 是孩子的未来及一生的生活和发展是否顺利，是上升的还是下滑的，是贫穷的受困的还是富裕的悠然的；在社会上，孩子将来是高贵的有尊严的，还是卑下的受辱的；整个家庭未来命运是持续发展不断提升的，还是一路坎坷持续跌落的。 总结为一句话，就是对孩子的人生乃至整个家庭未来不确定的焦虑。

再回首静思一下，同样做父母，为何当下的父母比我们的父母当年更焦虑？ 为何以前一家有几个孩子要养育要教育，却没有现在这么焦虑？ 当初我们的父母人生目标是过日子，一家人能吃饱穿暖就行。 而当下父母尤其是年轻父母的人生目标是过好日子，一家人不仅要吃好穿好，还要受好的教育，有更好的前途。 同时，当下父母更期待自己的孩子未来能够过有尊严的日子，能够经济自由，享有人生，人格被尊重。 比起过去我们父母的人生和家庭发展目标，当下大多数父母的人生和家庭发展目标已经有了质的飞跃，因此，实现起来也更难，压力也就更大、更焦虑。

但是，2021 年《中国家长教育焦虑指数调查报告》这个大型调研结果呈现出来的最集中的，还是家长在生活对孩子教育的焦虑，孩子是我们焦虑的聚焦点；这使得很多人都认为孩子是整个社会教育焦虑的核心，以为家庭教育的对象就是对孩子的，家庭教育出现的重点问题都在孩子身上，关注点也都放在孩子身上。

扔掉付出感

实际上并非如此。

几个亟待厘清的问题

目前，家庭教育中存在许多误区，其中有几个问题亟待厘清。

第一，家庭教育中最需要接受教育的不是孩子，而是父母。

这是因为，一方面，中国家庭教育的传递与创新出现了断裂。在当今这个信息时代，孩子接受的信息非常广，他们如同一块崭新的海绵，尽情吸收着来自四面八方的海量信息，无论是知识量、丰富程度，还是与时俱进的崭新性，都远远超过以往时代的同年龄段人。而父母由于生活和工作的压力，日常的时间和空间都受到很大挤压，再加上有的父母习惯于固步自封，对与自己观念不同的思想与观念，有潜在的抗拒情绪，所以相对而言，信息量不如孩子。

另一方面，父母在教育孩子上更重经验，以自己的体会和上一辈的经验为主，不太重视新知识的汲取和学习。现在对孩子的教育涉及方方面面的知识，包括心理学、生理学、教育学和社会学等。但是，很多家长不涉猎这些方面，甚至极少知道。所以一遇到问题，家长总认为问题在孩子身上，却不知道根子在自己身上，因此，对家长自身的教育刻不容缓。

第二，家庭教育最需要改变的不是教育方法，而是理念。

一方面，现在家长的教育方法往往是盯梢式，想把孩子雕刻成、教育成自己想要的样子。对孩子总是耳提面命，不停唠叨，时时关注，结果把自己搞得很累，孩子也累。另一方面，家长不大明白教育的本质在哪里，教育的本质是什么。事实上，教育的本质主要在四个方面：唤醒孩子内在的能量；提升孩子的智能；发展孩子的潜力；激发孩子的创造性。但是，我们很多家长不了解这些，不具备这些知识，也缺少相应的思考、实践和反思，仍然处于对家庭教育新思想、新理念、新路径比较懵懂的状态，所以，家长自身的唤醒可以说亟待进行。

第三，家庭教育最缺失的不是培养目标，而是健康的心理。

这是因为，大量父母依然秉承了中国传统教育理念，认为人生就是需要艰苦奋斗，就是需要负重前行，我们总是教育孩子要"吃得苦中苦，方为人上人，"要孩子发扬"头悬梁锥刺股"、废寝忘食、闻鸡起舞等传统精神；并以此为评判标准去评价孩子的状态，使得很多父母对孩子的优劣判断、高下判断乃至人生价值判断，都是注重结果而非过程，比如这次考试考到第几名？竞赛胜了还是败了？考上什么学校，进入什么班级？对孩子学习总是以这样的标准来衡量，忽略孩子的身心健康、心灵成长、社会意识、人生精神等。因此，家长自身的心理需要调整。

有人问泰戈尔三个问题：第一，世界上什么最容易？第二，世界上什么最难？第三，世界上什么最伟大？泰戈尔回

扔掉付出感

答说，指出别人的缺点最容易，认识自己最难，爱最伟大。很多家长不知道，我们距离最远的，最不了解的不是别人，而是我们自己。作家莫言曾经说过：好父母都是学出来的，没有天生的成功父母，也没有不需要学习的父母，成功的父母亲都需要不断学习、不断提高。而早在 100 年前，鲁迅先生于 1919 年的 10 月，在《我们现在怎样做父亲》的文章里就写道：重视家庭问题是觉醒的人进行的觉醒行动，父母是"自己背着因袭的重担，肩住了黑暗的闸门，放他们到宽阔光明的地方去"，好父母需要一生的修炼。

今天我讲的主题是做父母的如何扔掉付出感，下面我将从四个关键词来谈。

日常案例

第一个关键词，日常案例。

日常生活中，做父母的付出感有哪些表现？大家仔细观察就会发现，日常生活中人人都会有付出感，比如说在单位，我们常常会不自觉地思索：我做了哪些事？我有哪些业绩？我做出了哪些贡献？相对来讲我的工作收入、奖金、获得的荣誉，跟我付出的一切相匹配吗？值得吗？当我们和朋友、同学、老乡、事业伙伴、项目合伙人相处的时候，也会计较为对方付出的时间、金钱、精力、提供的帮助，暗中比较对方给我的回报是多一点，还是少一点？我和对方之间的关系、我们的互相来往是否值得继续？ 如果我们觉得吃亏了，觉得不值得，就会抱怨、生气，甚至愤怒。

再回望一下我们的家庭，就会发现父母往往是家中付出感最强的。 大家回忆一下，小时候我们是不是经常听到父亲或者母亲唠叨：我这么全心全意地抚养你，你为什么就不能像隔壁家的孩子那样懂事呢？ 为什么就不能像人家孩子那样学习好呢？ 你看看，我为了你上学，把家都搬到学校旁边了，为什么你还是考不了前三名呢？ 孩子，我为你操碎了心，你要记在心里，你要记得以后报答。 ……为了给你买这个玩具，你不知道爸妈得加几个班才行，这个玩具太贵了！ 还有的母亲说这样的话：当初妈妈生你的时候，受了多少苦，受了多少罪，快把命搭上了，你不好好孝顺我，有良心吗？

长大以后，父母的这些话就变成了另外的模样，比如：为了供你上大学，读研究生，我们省吃俭用，节衣缩食，你还不好好学习，你对得起谁？ 为了养育你，为了教育你，我们苦了一辈子，真的是尽了力了，你要记住呀！ 为了给你买房子，凑首付，我们把一辈子的积蓄都拿出来了，你要懂得感恩！ 有的祖辈在带孙辈时也会对儿女说：你看，我们整天给你带孩子、做家务，都快累死了，你不对我孝顺，你不就是不孝吗？

这些话满满的都是付出感。 有一篇文章在前几年非常火，《付出感，扼杀亲密关系的元凶》，这是一个名叫曹桂芸的女士写的网红文章，大家在网上可以查到。 这篇文章对于日常生活中父母的付出感进行了细致的解剖和阐述，写得朴实而深刻，发人深省，值得我们反复阅读。

在文章中，作者列举了生活中许多我们熟视无睹的现象——

第一个案例：有一种人为你做了很多事，让你感到似乎 ta 非常在乎你，可是，当你日常与 ta 相处的时候，却有太多时候发现 ta 总是容易愤怒，很压抑。 而这类人，就是典型的付出感人群。 具有付出感的人，内心最大的特征就是认为自己为对方付出了很多，帮助对方很多，而且做出了一些牺牲。 网络上被大量年轻人拿来调侃的一个段子，"有一种冷，叫你妈觉得你冷"，就是典型的来自亲人的付出感行为。 这样的人喜欢站在自己的角度，基本无视对方的需求、意愿和感受，一味按照自己的意愿行事，不仅无法给对方带来呵护和愉悦，还给对方带来种种无形的压力。

而付出感的背后，是为了索求爱，索取回报。

第二个案例：有个六年级男孩的奶奶每天坚持给孙子送饭到学校，接送孙子，实际上这个男孩情愿自己上学放学，但是奶奶不听，担心孙子自己上学放学不安全，或者贪玩不按时回家，而且她觉得学校饭菜不好吃，没她做的有营养。 有一家老人总是抱怨女儿不会带孩子，照顾不了孩子，所以他们每天早出晚归到女儿家，为外孙女做早餐、接送上学放学。

第三个案例：一个母亲非常爱她的儿子，一直在为家里忙前忙后，日夜操劳。 每当儿子下班回家，这个母亲就会唠唠叨叨告诉儿子，自己这一天带孩子做家务如何累，如何辛苦，哪里疼了哪里不舒服了。 自然而然，这个儿子就会要求自己的妻子感激母亲，孝顺母亲。 时间久了，就给这个儿子和媳妇造成无形的压力。 做媳妇的虽然明白婆婆是需要爱，是要通过付出感来换取爱，但是内心仍旧免不了不愉快。 当婆婆这类表现太过分的时候，她的心里甚至很愤怒。 与此同时，做婆婆的如果感觉没有从儿子媳妇那里得到她想要的回报，也同样愤怒。

对于这个案例，我们回顾一下，我们的生活里有太多这样的场景：如果你听父母的，任他们摆布，他们就说你孝顺；反之，稍有违逆，他们就说你不孝顺。 除了"不孝顺"的标签，还有隐藏在父母付出感背后的那些情感要挟，真是让人痛苦、无语。

那么，付出感的背后是什么？ 是控制欲。 在亲密关系中，一些人明明是渴望对方的爱，却以道德绑架的方式实施。道德绑架的结果，就是激起对方的内疚、愤怒、逃离和反抗。而接下来又导致付出者产生更深更大的痛苦和愤怒。

为什么有些人总是以付出者的角色进入亲密关系之中？ 这是因为这类人内心深处具有这样的认知——我对别人好，为别人付出，甚至为别人牺牲自己的利益，就是对别人有用，有价值。 别人需要我，离不开我，我就有人生价值，就会得到重视，有地位，也能得到爱。 而爱，是人性最基本也最强烈的需求。 为了得到爱，努力付出，全力以赴，乃至牺牲自己的独立自主、事业追求也在所不惜。 一旦感觉自己没有得到应有的爱，就会爆发强烈的委屈、无助和愤怒。 父母对儿女，夫妻对伴侣，兄弟姐妹对同胞，都有此类情况存在。

从更深处看，付出和付出感，也是一种控制手段。 当一个

　　扔掉付出感

人付出的时候，大多在内心深处渴望一种绝对的公平：我做了什么，你给我的回报必须同等。 如果我们之间没有做到公平，你辜负了我的付出，你就是忘恩负义，就会被钉在耻辱架上。我们之间看似是亲密关系，实际上却是对立关系。 在这种关系中，当发生矛盾和冲突时，就会认定都是对方的错，我是受伤害的人——我为你付出这么多，牺牲这么多，我怎么会不对？我是对的，你是错的，我当然是正确方。 由此，我成为双方关系的控制者。

第四个案例：有个小伙子的母亲是一位付出者，她早已习惯为孩子做日常生活中大大小小的一切琐事。 小伙子对母亲的感情很复杂，除了感激和想回报母亲，还有想远离的渴望。 每当母亲要他做这做那的时候，他常常感到无奈和委屈，许多事情是不愿意做却不得不做。 尤其是在他成家之后，他经常在遵从母亲的安排与按照小家庭的心愿之间纠结、烦恼、痛苦。 这期间如果妻子表示了对婆婆的不满，他又会埋怨妻子。 他不知道自己是在不知不觉中把对母亲的反感和愧疚转化到了妻子身上。他也不知道自己正在牺牲小家庭的亲密关系来维护他原生家庭的母子关系。 代际之间就这样把付出感的伤害传递了下去。

自我认知

第二个关键词：自我认知。

做父母的为何会有付出感呢？ 我们来了解一下父母的付出

感是怎么产生的。

首先，我们要知道什么是付出感。付出感是人类与生俱来的一种心理感受。只要是人，就会有这种心理感受。具体表现如何？我们在和他人的关系中，会不自觉地对各种付出和得到的回报进行比较，这种比较可能自己都意识不到。我们为别人做了什么事，花费了多少钱，花了多少时间、精力，他给我的回报是不是值得，我是不是划得来，等等。

通常我们的这种付出感是和同学、好友、老乡、同事、合伙人等进行比较，是不自觉地比较、衡量。但是，我们却常常意识不到自己在比较、在衡量。我们更没有思索过它是怎么产生的。我们只是感觉到，在各种关系中，如果感觉到自己没有多得，也没有少得，我没有负谁，谁也没有对不起我，就满意、舒服，觉得最好。如果我们在和他人的关系中感到不公平，内心就会郁闷，就会对对方不满意。人就是这样，只要有不满意，就会不自觉地采取行动来消除这种不满意，去追求所谓的公平。要把内心的不满意、对对方的不高兴，以及没有得到的回报都发泄出来，或者是讲出来，甚至生气或转身离开，不再和对方相处。人类群体中，只有极少数的人不去考量付出和回报是否值得，是否公平，绝大多数人希望付出能得到相应的回报。

其实，我们不仅和同学、朋友、老乡、同事、合作伙伴等之间有这种付出感，明里暗里处处计较我们和他人之间的物质、金钱、远近、关系厚薄，是否公平，是否划得来，我们付出的一切是否得到相应的回报；我们还会不自觉地在家人中暗暗地计较。比如父母和孩子的关系，兄弟姐妹的关系，伴侣之间的关系，这三种亲密关系也会有比较。我们会悄悄地，可能自己都意识不到地去计较：父母对我好，还是我对他们好？兄弟姐妹对我好一点，还是我对他们好一点？我和我的伴侣之间，我们谁在家里付出得多一点？谁事业上发展好一点，挣的钱多一点？我们会不自觉地做比较。

为什么呢？因为所有的亲密关系，本质上都是人和人的关系。人类这个群体，就是习惯于在各种关系中寻找"我的付出"和"我得到的回报"之间是否公平，这个天平是否倾斜。只有极少数的人会不计得失地爱朋友、爱同学、爱孩子、爱伴侣，很少计较自己吃了亏没有，自己付出了多少，得到了什么。这样的父母会为了孩子的幸福和成长全心全意地付出，毫无悔怨。

我们往往意识不到，我们从小开始就被这种付出感控制了，会在所有的关系中衡量、抱怨。做父母的常常抱怨：我为孩子做了多少事，吃了多少苦，受了多少难，要求孩子回报父母。在要求回报的时候，我们打着的旗号是什么？就是"你要孝顺"。甚至我们会当着孩子的面说"我为你做了多少，到底值得不值得"之类的话。

总而言之，做父母的之所以有付出感，根本的原因就是我们先天就带着这种本性。

第二个原因，父母产生这种付出感，其实是做父母的一种心理秘密，这个秘密推动着我们在和儿女相处的时候，会不自觉地寻求自我价值感。因为每个人的心理特点之一，就是都很依赖于外在的肯定和认可。我们为他人做事，我们为他人付出时间、金钱、精力，都希望得到感激和报答，希望得到肯定，由此来找到自己的位置，找到存在感和价值感。

如果做父母的面对孩子，当自己觉得我为孩子付出了一切，而后对孩子的回报进行内心评估。如果预估结果和自己的期望一致，就觉得很愉快，感觉付出的值得。如果感觉自己的付出和孩子的回报不一致，我们内心就很受伤，会悄悄思量：为什么总是我付出？我这样对孩子值得不值得？

我们这种寻求自我价值感的心理，必然期望孩子回报，期望从孩子那里得到称赞，得到认可。如果没有达到预期目标，我们就很难过。

第三个原因，是父母的控制欲。每个人都有控制欲，我们往往通过哪些来实现控制欲？日常生活中，家长控制孩子的方法有很多。注意，这里的"控制"是广义的，既是强迫或者严苛的规章制度，也是强制性的指导和教育灌输。以下是一些常见的方式：

一是设置较为严苛的规则，建立一系列强制性并超越一般状态的行为规则，让孩子必须怎么做、做什么、如何做；什么绝对不能做，等等。

二是带有功利性的鼓励和激励，对自己认为好的行为，就给孩子超常规的表扬和物质奖励；反之，则毫不留情地处罚，克扣零花钱和物品，或者打骂之类体罚。

三是定期要求孩子向自己汇报思想和行动，这不只是为与孩子进行交流，了解他们的想法和感受，更主要的是为了掌控孩子的行踪甚至思想。

四是在孩子面临困难或挑战，遇到困境的时候，像个旁观者指指点点，说三道四；即便是在提供建议和指导、帮助他们解决问题的时候，也不耐烦，没有好脸色。

五是让想方设法让孩子畏惧，不尊重孩子的个体性，也很少理解他们的需求和感受，处处像个独裁的君王高高在上；不是让孩子信任自己，而是处处害怕自己，在自己面前像个奴仆唯唯诺诺。

甚至，日常生活中给孩子帮忙、给予金钱、给孩子洗衣、烧饭等，都可以被一些父母拿来达到控制孩子的目的。有的父母心里经常会说这样的话：我都对你如何如何付出了，你难道就不能为我如何如何吗？把自己的各种付出当作控制的筹码。

深入反思

第三个关键词，深入反思。父母的付出感会给孩子带来什么样的影响？这是所有父母必须深入反思的重要问题。

首先，可能造成严重的家庭冲突。父母过度的付出感就会导致对孩子过高的期待。如果孩子没有满足父母的期待，他们就会抱怨，甚至指责，铺天盖地压向孩子。久而久之，孩子就会怨恨父母，轻者冷漠不理，重者对抗冲突，甚至家庭暴力、法律纠纷、人命案都有发生的可能。

其次，给双方制造精神枷锁。父母感觉自己为孩子付出了很多金钱、精力，牺牲了很多东西。而当孩子达不到父母的期望或要求时，父母就觉得孩子配不上自己的这些付出，感到失望和难受。孩子也会感觉父母在精神上、行动上给自己太大的驱使和碾压，太多的限制和压迫，成为一种精神枷锁。

再次，会造成孩子自卑怯懦的人格。在父母付出感的不停折磨下，有的孩子会早早精神萎缩，难以养成正常的健康人格，总觉得自己这也不行那也不好，自己努力的成果与父母的付出不成正比。这种压力可能对孩子造成沉重负担，导致焦虑、抑郁等心理问题，甚至无法成为正常人，更无法在进入社会后建立良好的人际关系。

与此同时，我们还要深入反思，父母的付出感为什么会扼杀亲子关系，会破坏与生俱来的美好？

父母爱孩子，原本就是自然的法则。爱子女是人的天性，是本能。但是，子女爱父母是人性，是理性。一个人爱子女，是自然而然的，自然迸发的。但是，一个人爱父母需要一定的品格。做父母的，为儿女付出，本来就是出于天性的伟大，是心甘情愿的行为。然而，当做父母的人不自觉地被上面所说的付出感控制了以后，就会不断在孩子面前唠叨：你要对我好，你看我对你做的一切，你该怎么回报？你这样对我，怎么可以？

这些唠叨，这些表现、表达，会毁掉我们作为父母与生俱来的光辉。爱孩子是父母最柔和的光芒，但是一旦被付出感控制，我们会不自觉把父母和孩子之间的关系变成一种功利行为，好像你是为了得到回报才对孩子好的。因为，当我们一遍一遍对孩子唠叨的时候，我们内心想表达什么？其实是一种潜意识：你看，我都对你付出那么多了，你一定要听我的，你一定要回报我。

　　当我们以这种心理对小孩子的时候，孩子是听的，这种效应是明显的，但是孩子会怎么样？孩子自身会感觉到内疚，会觉得对不起你，当他长期觉得内疚，身背重负时会产生什么行为？他有机会就想逃离。因此，当我们的孩子小的时候，父母唠叨一遍，你这样对得起我吗？你这样对得起我的付出吗？说这样的话时，孩子的内心其实都在一遍遍地回答你，很惭愧、很内疚地回答你"对不起"。

　　但是，实际上大多数的父母是十分爱孩子的，我们做过父母的都知道自己爱孩子是无条件的。只是很多人意识不到、认识不到付出感这种东西与生俱来，它是人性的灰暗面，我们会不自觉地被它控制，然后反复唠叨，反复和孩子计较、对照、比较、权衡。这个时候我们就掉入了一个陷阱，这个陷阱就是有条件地爱孩子。其结果是你的孩子很反感、很痛苦、很压抑。而此时你自己呢？觉得没有受到应得的报答，应得的回报，也很痛苦。所以，当我们被付出感控制的时候，自己痛苦，孩子也痛苦，双方都痛苦。

费孝通先生有句话："在父母的眼中，孩子常是自我的一部分，子女是他理想自我再来一次的机会。"什么意思？ 父母都有一种愿望，期望孩子延续自己的肉体生命、精神生命、理想、抱负、人生追求，所以，父母不明白，当我们对孩子一遍遍唠叨的时候，我们给孩子的不是温暖，而是沉重。 一部分的孩子知道他没有能力回报你，就会变得消极沉默，对自己失望，不愿意和父母沟通。 这部分孩子认为自己再怎么努力，都对不起父母了，索性自暴自弃，一蹶不振，甚至有少数孩子走上绝路。 因此，父母的付出感、牺牲感反复表达，成为孩子心头上的重压时，各位一定要明白，它其实是一种索取，也是一种道德绑架，甚至是一种无形的暴力。

《有限责任家庭》一书的作者李雪曾经在她的书中说过这样一段话："在任何关系中，只要有一方觉得自己在为对方付出，那他就已经丧失了主体性，爱已经不存在了，只剩下道德资本累积起来的愤怒和痛苦。 如果一个人在关系中觉得自己是在付出和牺牲，含义就是我不爱这个关系。 若父母经常对孩子抱怨'我为你付出了一辈子'，翻译过来就是，我一辈子都没能爱过你。"这是什么意思呢？ 就是说其实你们之间的爱已经不存在了，只剩下道德资本，只剩下了你由于没有找到那种回报感而产生的愤怒和痛苦。

注意，在彼此的关系中，只要一方觉得自己在付出，在牺牲，潜在的含义就是我不爱这种关系了。 所以，我再次提醒父母，当我们对孩子抱怨——你看我为你付出了这么多，你该如

扔掉付出感

何如何的时候，孩子听到的意思就是他应该一辈子回报你，都该舍命地回报你。

如何行动

第四个关键词，如何行动。

我们做父母的该如何扔掉付出感？ 首先我们要了解付出感的真相。 刚才我们说了，付出感是与生俱来的，人人都有，做父母的当然也不例外，从我们生下来那一天起就有了，它是一种补偿心理。 而这个补偿心理，如影随形跟着我们到处走，是人性中的阴影。

当我们对孩子做的一切都要他相应地回报，要求他们听话、服从、努力，要他们光宗耀祖，给父母争气的时候，如果孩子没有达到我们想要的结果，我们就会说孩子不懂事，不省心，不听话，白养了。 甚至有的家长说的话很尖锐、很伤人——我这一辈子就不该生你，要你有什么用？ 真是造了孽了！ 如此等等。

各位家长一定要记住，这个时候我们就是中了"魔法"了，中了与生俱来人性阴影的魔法，我们被原始的本性驱使着，丢失了对孩子爱的天性，丢失了为人父母的天性和善良。

在了解了付出感的真相之后，我们做家长的要采取行动，要理性地控制自己的情绪、语言、行动。 我们知道，每个人的自我控制、自我修行是一种智慧，是一种境界。 可是，我们怎么理性控制呢?

首先,认定每个人都有自己的世界,自己的人生目标,自己的独立和成就,把自己当作一个独立的个体,也把孩子当作一个独立的个体。要懂得每个人都有光明的一面,也有灰暗的一面;有温柔和善的一面,也有犀利、伤人的一面;要注意付出感这种人性的灰暗面,谨防它时不时地冒出来。

其次,懂得正是因为我们时常会被付出感控制,很多父母,尤其是母亲总是极少为提升自己腾出时间和精力,不舍得在自我独处、外出旅行、读书学习上给自己应有的时间,提升自己,强大自己。只是一味地挤压自己的时间,把它用在孩子身上,盯着孩子的学习、吃喝、用度,一切围着孩子转,用孩子替代自己的生活。而对孩子的关注核心又是围绕学习成绩如何,最喜欢吃的是什么,最喜欢用的是什么。至于孩子的情感波澜、情绪状态、心理变化,则漠然不顾,因为我们缺少相应的认知和领悟;我们总以为自己的行为是一种伟大的付出,却不知这更是一种自我剥夺,也在剥夺孩子。

而自我剥夺的根源,是自我感情贫困——放弃了自我认知下的自我可爱度、自我价值、自我才能和自我能力实现,放弃了自我也就完全不知道自己一切围着孩子转的时候,孩子的生活被碾压到逼窄的空间,就像在高强度聚光灯下被盯着透不过气起来。

再次,要不断修炼自己。这个修炼就是多思考,多读书,多反观,多领悟。最重要的,要善于观察,勤于学习,时常反

扔掉付出感

思。 追溯过去，很多付出感很强的父母，童年时代都有一个和他们此时状态相似的上一代，有一个和他们当下相近的家境。

很多父母不懂得，有一种贫困叫感情贫困，与衣食用度无关。 也不知道，孩子的成长需要一种重要营养，叫情感关怀。 也许他们心底知道这些，但因为生活的负担过重，顾不过来。 其结果就是，他们无法给孩子源自心底的尊重、关心、安全感。

人，有时很难去除家庭文化在童年时给我们的东西，除非有清晰的认知，坚韧地修正行动。

有付出感的父母，有一个共同的特征，就是喜欢紧紧盯着孩子的一举一动，同时还有一个毛病——总是批评孩子。

渴望孩子达到自己设定的目标没错，可是如果这些目标不切实际，就会产生看不见的破坏力——让孩子觉得自己是个失败者。 对孩子的批评、辱骂、指责，会让孩子孤独寂寞。 而对孩子不断地批评、挑剔、责怪，也会在孩子心底聚集怨恨。 指责不仅消除不了做父母的不满，还会把孩子锁定在怨恨的位置上。 怨恨聚集太多，就会在孩子长大之后引发暴力行为。 有的父母永远不明白一个真谛——如果一个人连自己都不珍惜，就很难让人真的珍惜他，哪怕是亲人，更不用说还有他施加的那些逼迫行为。

修炼的要素之一是理性控制。 理性控制中最重要的，就是能够学会沉默，不要想到哪里就说到哪里，想说什么就说什么。 日常生活中有一句话，就是"刀子嘴，豆腐心"。 其实不是这样的，当我们对孩子说狠话时，嘴里飞出刀子，心里也带着刀子。所以，父母在生气、暴怒的时候，一定要谨言慎行。谨言慎行是一种善，是一种温暖，英国哲学家罗素曾经说过，"对孩子来说，父母慈善的价值就在于它比世间任何东西都可靠，都值得信赖"。什么意思？做父母的对于孩子的善良，对于孩子的体谅、呵护和爱，比世间我们给他任何的物质都可靠，都值得珍惜。

最后一点，要注意领悟，要牢记对孩子不求回报。为孩子付出，为孩子做父母应该做的一切事，是不求回报的。不计回报的亲子关系才会更自然，更纯粹。如果你每为孩子做一件事，为孩子付出的桩桩件件，总是要求回报，不管你说没说出来，孩子都能意识到，它会大大影响亲子关系，拉开你和孩子之间的距离，越走越远。

父母也要慢慢领悟，父母理性相信的东西，与孩子心灵的感觉，是两个层面。如果父母常常批评、辱骂、指责孩子，孩子长大后就不懂得如何表达爱。而且，极有可能，孩子成人之后也会时常批评、辱骂和指责他人。那是一种发泄，也是一种习得；孩子从童年开始受到的不公、伤害、恐惧和打压，在一定时间节点迸发出来了。很多愤怒，其本身不是因为当下某件事、某个人，而是其他未说出的东西，经年积累起来的更远更深的东西。

当成年后的孩子感到孤独时，利益受到损害时，渴望关爱、关注都没能得到时，童年里因为父母的付出感带给他们的羞辱和难堪，痛苦和悲伤，到一定阶段都会冒出来，变成对他人的批评、辱骂、指责等种种戕害。

而大量在付出感很强的父母家里长大的孩子，成年以后看上去和其他孩子没有差异，似乎是"自然康复"了。 实际上这是一种假象，也是一种幻觉。 那些积淀在他们心底的东西，会变成其他状态。 诸如冲动消费，通过购买不是必需品的物品，包包、衣服、饰品、车子等，以引起注意、摆脱乏味，制造形象幻觉，排除孤独、落寞、不愉快，消解内心深处的屈辱、卑微和伤心。 或者对他人不尊重、语言攻击、利益侵害等，以此对自己的过去进行恶性补偿。 连那些孩子自己也不知道，去疯狂购物的时候，去伤害别人的时候，就是他们在人群中感到最孤独的时候，自我价值感最低的时候。 而源头，皆与童年父母强烈的付出感有关。

做父母的，什么叫分内事？ 聚焦为一句话，你养孩子，只要你把他生出来，就应该爱孩子，爱孩子，就必须付出，付出你的劳动，你的操心、你的烦恼、你的牵挂、你的忧虑，付出很多……为他遮风挡雨，给他物质的保障，给他精神上的呵护。

所有父母对孩子的一切爱和照顾都是"因"，自然会收到"果"。 这个"果"是什么？ 就是孩子对你的爱，更重要的是，我们做父母之后自身的欢乐：当我们爱孩子的时候，呈现的是我们有这个能力爱孩子，有这个机会爱孩子，有这个机缘和我们的孩子成为最亲密的人，这是上天给我们的机遇、机缘。所以，因果之间要用一颗心去体悟，用一生的行动去践行。星云大师曾经说过："因果，是天地之间最大的公正。"

所以，讲到这里，我们要和大家一起最后讨论，日常生活中，有很多的父母说：作为父母，我尽心尽力了，我对我孩子都全力以赴了，为什么我还觉得费力不讨好呢？为什么我的孩子不感恩我呢？为什么我的孩子没有达到我想要他达到的程度呢？为什么他不太孝顺我呢？为什么他不太懂事呢？为什么他不听话呢？为什么他对我没有回报和感恩呢？总而言之一句话，为什么我觉得费力不讨好？

各位家长，各位父母，我们对孩子好，我们尽心尽力地做父母，不是为了讨好，而是为了爱。作为父母，我们爱孩子，我们照顾好自己的孩子，陪伴孩子走向更好的人生，这就表明我们具备爱的能力。我们对孩子所有的好，所有的全力付出，所有的关心照拂，都是为了成全我们自己，让我们在这个世上走一遭的时候，具备一种能力，那就是爱子女的能力。

各位，我们一定要记住一句话，在这个世界上，人生一世，成功时谁都是朋友，只有父母才是失败时的伴侣。失败的时候，可能所有人都远离我们，但是父母一定还在。所以，父母的荣光在哪里？就是我们永远对孩子不离不弃，这才是世界上最好最美的情感。当父母在日常生活中有付出感时，立即告诉自己"扔掉它！"不要去计较，不要去衡量，不要去对比，一切都是自然之道，自然行为，是上天赐给我们的爱的际遇，是孩子和我们一生的缘分。我们都是父母的孩子，也是孩子的终

扔掉付出感

身同伴，这是人性，是人情，是伦理，也是我们在这个世界上必须担起的责任。

在做父母的路上，在做好父母的过程中，永无止境。优秀的父母总是走在不断读书、不断观察、不断学习、不断反思自我、不断提升自我的路上，不断前行。

总之一句话，好的父母需要一生的修炼！

打造孩子内驱力

李　燕　杨　雄等

李燕　上海师范大学学前教育学院副院长，教育学会学前教育专业委员会副理事长

杨雄　上海市家庭教育研究会首席专家，上海社会科学院社会学研究所二级研究员

大J　上海市家庭教育研究中心特聘研究员，育儿畅销书作者，自媒体"大J小D"创始人

主持人：介绍参与话题的两位专家，杨雄老师，中国教育学会家庭教育专业委员会副理事长、上海家庭教育研究会首席专家，很荣幸能够跟杨老师做近距离的分享。李燕老师，上海师范大学学前教育学院副院长，教育学会学前教育专业委员会副理事长，今天特别荣幸能够请到上述两位。

咱们谈的一个话题是如何打造一个高内驱力的孩子。内驱力这件事情其实是我们现在很多家长非常关心的。 怎么帮助孩子打造学习的自觉性。

收获成就感

李燕：怎么提高孩子的投入性，实际上与我们对知识的理解有关，如果是孩子能够把学习看作是一个掌握知识、一个掌控自己所面对的环境的过程，他可能就会有更多的主动性，但是如果把它看作任务，对孩子来说可能就是完成一件事，这件事如果有人监督，他就会投入，如果没有人监督他可能就不会投入。 所以如果我们能够帮助孩子形成掌握动机，就是以掌握知识、掌控自己需要了解的技能应对他们的环境要求，包括作业，相信自己能够掌控任务，能够通过自己的力量去解决，能够感受到自己掌握这些知识获得的乐趣以及在掌握的过程中个人的成长，那孩子就更有可能提高自己的专注力、提高自己的投入性。

孩子不管是在游戏中还是在课堂中，甚至在发展一些兴趣爱好的过程中，对内容的掌控以及由此获得的成长感才有可能帮助他们投入学习活动。 所以我觉得培养孩子这种掌握动机，不把注意力聚焦在成绩上，而是聚焦在掌握上、聚焦在自己的成长上，孩子对学习的投入可能会更多一些。

杨雄：我们今天讨论孩子学习或者生活的内驱力，这是心理学的名词，大白话说就是自觉，有没有学习的动力。 孩子学习的自觉性的问题，可能是大部分家长的一个痛点，特别是在家里吸引孩子的东西实在太多。 所以我个人的第一个建议，孩子有玩的天性，上课前首先让他安静下来，不要前面在玩乐高、玩很吸引他的东西，突然让他上课，他的注意力怎么可以切换过来呢？ 他无法切换。 第二个建议完成任务的时候，使用一种现在流行的"番茄钟"，培养他坚持 5 分钟、10 分钟、15 分钟，再 25 分钟、30 分钟轮盘时间的自控法。 比如说我自己上课，边上都会放一个钟以便于控制时间，如果没有一个钟在边上，我建议家长给孩子配一个钟，告诉孩子坚持多久就可以玩了，他心里就有底了。 所以我建议放一个钟，让他知道坚持 20 分钟、25 分钟以后，后面就可以休息了。 孩子也是这样，给他一个自控的目标，设立一个小目标，对一些低年级的孩子还是比较管用。 而且如果他掌握得比较好，可以给他一点小的奖励，慢慢就会形成一种自觉，形成一种上课应该怎么样，怎么把握分配时间的自觉，供大家参考。

主持人：好的，杨老师给了具体的方法。 李老师从根上解决了我们的概念性问题，也就是我们要从根本上打造一个有内驱力的孩子，这又一次提醒我们，不要过度关注孩子的成绩、作业本身，而是让孩子去收获内心的那份成长中的成就感。 李老师，您举一些例子或者方法到底怎样可以让孩子有这种自我的掌控感，能够有一个自我成就、自我赋能的感觉。

打造孩子内驱力

李燕：谢谢你把话题转到这方面来，培养一个自主性强、真正有内驱力的孩子，上课的时候他能够集中注意力、能够很认真地完成作业，然后再去玩，也是在培养一个幸福的孩子。这种能力的培养不仅对父母有用，对孩子的成长也是非常有好处的，可以提升孩子的幸福感。 怎么去培养内驱力呢？ 第一方面，我们看到有人留言说"过程大于结果"，确实要让孩子更多地体验到对学习的投入感觉很好，要表扬孩子，当他专注的时候，要跟在后面说"我看到你刚刚很专注""你听课的时候非常认真、非常投入，那种投入的感觉是不是特别好？"学会发现孩子的投入，哪怕他在玩积木、玩电游、玩手机的时候特别投入，都是可以跟孩子说："刚刚看到你那么专心地在玩，是不是感觉特别好？"我们帮他积累专注的时间，这种专注的经历，搭积木或者是上课、写作业或者玩游戏都可以，这种全身心地投入产生好的感觉，这种感觉孩子积累得越多，他就越有可能感觉到自己的力量，就越有可能因为认真的投入，而有了好的自我感觉和自我成长的感觉。

第二方面，帮助孩子去积累因为自己特别努力而做得非常好的事情，比如说因为自己的努力把积木搭得很漂亮，因为自己的努力，把自己的房间收拾得很干净，因为自己的努力，作业写得很像样。 不仅仅是得到老师的表扬，是自己看了也特别高兴，实际上我们是在让孩子去积累、感受自己的力量，因为他感受到了自己的力量，他才会更多地去努力、去挖掘这种力量，努力地去感受并且去付出这种力量，然后自我欣赏。 所以我们也要帮助孩子学会自我欣赏，欣赏自己的努力，欣赏因为努力而获得的成就感，欣赏自己因为努力而接受了困难的挑战，接受了一些比较难的任务，不管这个任务是成功还是失败。

第三方面，可以帮助孩子去努力积累，迎接挑战，不管结果怎样，如果结果不好，我们通过努力可以去寻找一下是不是努力的方向有问题，是不是我们需要有更多的积累，等等。 这种做法是帮助孩子积极归因，寻找自己做得好或者做得不好的原因，我成绩不好是不是因为我前一段时间不够努力，我这段时间做得好是不是因为我很投入，等等。 所以从这一点上来说父母也要学会正确地对待成败，不要太多地跟孩子说"真聪明""你天生就是个天才"，大家都知道不要过多地夸孩子聪明，原因是越让孩子感受到自己的努力才会越努力，而越表扬孩子聪明，孩子就越害怕失败。

主持人：谢谢李老师，帮助孩子做三个积累，第一个要积累孩子体验专注的感受。 我自己觉得很有意思，因为我们当父母的经常看到孩子做好了以后，第一句话就是"妈妈太开心了，妈妈觉得你今天做得很好"，但是我们很少会问"你感觉怎么样？"所以李老师说哪怕他打电子游戏的时候觉得他很专注，你问一声："你发现吗？ 你专注的感受怎么样？"，我们多让孩子体会专注的感受。 第二个积累，积累做得好的体验，我自己也做过检讨，不能看到孩子都是不好的，所以提醒我们一定要帮助孩子积累他做得好的体验。很多妈妈说:"我孩子什么都没有做好,作业不肯做。"从某种程度上说,这是家长的眼光有问题,孩子一天里面一定有一些事是做得好的,我们要用欣赏和发现的眼光。我跟大家分享一个我当妈以后一直做的事,我会记录我当妈的情绪日记,每天晚上复盘,有的事情很小,可能孩子过来抱了我一下"妈妈我爱你",我会记录下来。发现看女儿有什么不顺眼的时候都会翻那个日记,我就发现是我自己的视角变了,女儿还是那个女儿,只不过我自己视角变了,所以李老师提醒我们多去发现孩子,也让孩子能够看到我其实还是那么好的,而不是上了学以后家长天天骂,你怎么这么不争气什么的。这是李老师提醒的第二个积累。第三个积累特别重要,我们可能会一直忽略,帮助孩子去积累他进行挑战的那些经验,大部分的时候我们都是希望孩子做得好,但是我们也要让孩子发现,哪怕你失败了,因为挑战过,这种不畏难的勇气其实也是值得被肯定的。这三件事情做完了以后,李老师分享了一点我们很受益,我们一直比较功利,最后指向工作好、成绩好,但是李老师说,当孩子有内驱力和力量了以后他就会感到很幸福,这个不要忘记了。因为教育最终指向的是养育人,每个人都希望孩子有力量感、可以自我赋能的。这是刚刚总结的三个积累。

有一个问题我想抛给杨老师,刚刚李老师谈到三个积累,第一个积累里说,积累孩子的专注感受,杨老师您曾经说要帮助孩子去发现热爱,让孩子对一些事情有兴趣,培养兴趣。您提到兴趣让孩子有很好的专注体验，有妈妈说我孩子什么都不感兴趣，没有热爱，对于这类孩子，杨老师有什么建议，怎么更好地支持孩子的兴趣，帮助他积累专注的体验？

杨雄：主持人概括得很好，每个孩子都有自己的兴趣，我们做父母就是帮助孩子发现他的长处和潜质，这是我长期观察的，没有说哪一个孩子没有自己的兴趣，只不过没有发现，也许他自己也没有找到自己真正感兴趣的方向。所以说给孩子3—5次机会，孩子不像成人有自觉度、有常识判断未来的方向。不要说孩子，大学生毕业都不知道出来干嘛。所以要帮助孩子发现兴趣，首先要承认孩子都有兴趣，只不过没有发现。

让孩子有试错的过程，大人也要试错，我适合做这个，或者适合做那个。爸爸妈妈认为这个孩子怎么没有常性，好像小猫钓鱼三天两天换兴趣，这很正常，试错的过程实际上就是在寻找自己未来比较适合干什么的过程，如果孩子找到自己的兴趣一定会发展得很好，他的专注力不会有问题。

怎么帮助那些不太有持久力、不太有内驱力的孩子，第一帮助他寻找，允许他选择。第二也可以帮助孩子树立目标。如果一个孩子有强烈的兴趣，哪怕再投入、再辛苦也不会觉得累，一个男孩在海边沙滩玩一下午，两个男孩玩挖泥坑的游戏，你觉得他的专注力有问题吗？他玩蟋蟀和玩泥巴的时候比做作业更专注，会发现很多细微的惊喜。同理比如学习，一开始他没有感觉到里面的乐趣，肯定是大部分孩子不愿意去做的。 解决这个问题就是把任务分解，比如说让孩子做思维导图或者视觉笔记，整理他的知识点，对他直观的专注度培养是非常有利的，现在流行的思维导图大家比较熟。 这些对孩子把一个重大任务、艰难任务、困难任务分解到每天、每时，让他够一够能够完成一个小目标，这对培养他的专注力和自信心非常有帮助。

主持人：谢谢，杨老师给了很多方法，下面朋友在问，第一是培养兴趣，在兴趣中获得专注，把心态放好。 杨老师说给孩子3到5次的机会，家长很多时候培养孩子兴趣要一见钟情，但是扪心自问，谈恋爱都没有一见钟情，凭什么让孩子对一件事情就一见钟情呢？ 所以杨老师说3—5次的试错机会，跟孩子说，你喜欢这个没有问题，妈妈给你报名了，这个过程中给你3—5次的反悔机会，你可以不学就不学了，但是不学就真的不学了，把选择权、自主权给孩子，孩子是聪明的，他知道怎么做权衡，这样孩子更有自主性。 第二要帮助孩子，做孩子的脚手架，因为很多时候孩子为什么会畏难或者不专注？ 可能就是能力不够，愚公移山，如果一座大山在眼前，孩子肯定不移了，你给他一个小土坑，他觉得我可以挑战的，估计愿意去试试，人有一个完成心理，所以任务要拆解，让孩子劳逸结合。 尤其是孩子到了小学，中高年级帮助孩子建立一个思维导图，梳理思维脉络，可以帮助孩子学习一些难的知识点。

有一个难题抛给李老师，因为有好几个朋友都在说，我孩子所有的兴趣就是打游戏和玩。只要不和学习、写作业相关的都很感兴趣，这个放任吗？为了培养他的专注感觉就随他去，也是一种专注和体验吗？李老师怎么看这个问题。

李燕：孩子对别的东西都有兴趣，就是对学习没有兴趣怎么办？这确实是个难题。因为有很多时候，孩子没有在学习中获得过成长的感觉，在学习中经常被批评，经常被挑剔，小孩可能还是在游戏中更容易获得快乐，因为游戏中他可以减压，可以扮演自己喜欢的角色，可以加项自己各种能力，可以自主去控制、去发起战争，去形成一个团队等，他可以做任何他想做的事情，所以在那里面他的自主性、成就感，甚至包括感情的联系、和人的连接都得到了非常好的满足。所以孩子在游戏中获得了很好的感觉，他会投入。

要让孩子感觉到自己点滴的进步。在学业上哪怕有一点进步也让他知道自己是怎么获得的。因为有了一点投入，有一点投入就会有一点成功，杨老师讲的视觉笔记特别好，视觉笔记不仅仅是帮助孩子梳理知识，更重要的要让孩子看到原来不过如此。视觉笔记一方面帮助记忆、帮助梳理，另一方面梳理下来，知识一共就这些，所以能够在一定程度上打消畏难情绪，其实很多时候小孩不投入在学业中，一方面没有成就感，一方面也是畏难，学不会，所以索性不努力，也不会受挫折。其实很多时候孩子会因为努力而受到挫折，因为自己努力了，又没有学好，多丢人，而且让自己特别沮丧，还不如干脆不努力，没有努力，当然就不好了。

家长要理解，也要帮助孩子去积累一些点滴的进步，大家经常引用的例子，小孩考了 80 分，别人都考 90 分，很多妈妈就说排名这么靠后？但是经典的回答是妈妈说，你有80%已经做对了，只有20%有点问题，咱们一起来分析分析，看看这20分是怎么没有的？你那么多知识都已经掌握了。其实这种就是比较经典的好妈妈要做的事情，帮助孩子去积累每一次细小的进步，能够更多地让他感受到投入学业的成就感。

主持人：谢谢李老师，特别感动，李老师提醒我们不是孩子哪里不好，而是孩子的需求没被发现，为什么孩子会沉迷游戏，不喜欢学习呢？是孩子的自主性、成就感和情感的连接在现实生活中得不到，所以他才在一个虚拟的环境里期待这些。谈内驱力，我想让每一位家长包括我自己了解，有时候不是孩子的问题，而是孩子向我们求救，我们没有抓住而已。方法是什么，要去创造一些机会，让孩子在现实生活中也能够修补缺失的东西。比如说刚刚李老师告诉我们视觉笔记，不仅仅只是一个学习策略，也是可以提醒孩子，没有那么难，不过如此，这是修复孩子那种内心的力量感的缺失，让孩子看到说"是啊"，我能战胜它。孩子为什么喜欢打怪兽，因为他有力量感，可以征服，这是家长要做的，老师要做到，就是发现他引导他你有能力的，你的能力比你想象的要大，你能够战胜那个怪兽，不管那是什么怪兽。同时我们也要修正自己的成败观，因为当我们真的不那么在乎孩子的输赢以后，孩子也能正确看待自己的输赢。所以孩子考了 80 分，要提醒孩子你已经掌握了 80% 的作业，但是我们经常说的，为什么不是 90 分？总是看到那个缺失的东西，自然而然孩子评价自己也只会依据这样的评价说"我做不到，就算了"。

我女儿是 28 周早产，她的大运动严重延误，上海的小学一年级要考跳绳，她一学期都学不会，而且他们学校有一个黑板报，学不会的孩子的名字在上面，一开始黑板报上名字很多，然后一个月就擦掉很多，我女儿还在上面。有一天她回来就跟我说："妈妈，我是个失败者"，这个词很重，我听完以后一下子挺难过的，我就问是怎么样的一件事情，她告诉我以后，我当时做的一件事情就跟她说："那爸妈今天要去买一个蛋糕"。她说为什么？我说要庆祝你的失败。我就说你很厉害，你一直跳不会跳绳，但是你回家一直在练跳绳，这个太棒了，她本来很难过的样子，然后就一下子很开心。吃蛋糕的时候就更开心。这件事情其实促发他很好的动力感，再回到班级还是有人会说她"你跳绳还不会"，她说我已经坚持了 162 天，可以说她还真的会坚持。这个其实是我自己触动很大，因为如果当时我只是跟她说，你要继续再努力努力，你要赶上别人，可能就把她的力量感消灭，我说庆祝一下，这给他很好的力量感。这成了我们家的传统，庆祝失败。这是要跟大家分享的，最终回归到父母的力量感来自哪里，怎么评价孩子的成败，这些东西会反馈给孩子怎么看待自己。

克服畏难情绪

主持人：李老师提到有三个积累，第三个积累是积累挑战自我，能够形成积极归因的方法。有好几个朋友就说孩子就是畏难，看到难的东西就是不肯弄，输不起，只要输了，在家里玩桌游也是一样的，只要输就耍赖，这个问题怎么办。两位老师谁来说一下。

李燕：我想说这个事情因为我自己的儿子玩游戏时，他说你看我打败它了，我又遇到一个怪，我说得比较多的是，你每打败一个兽，你都获得了一个能量，他一打兽成功就会升级，这个打怪升级跟我们平时努力获得了某些东西，获得了新的能量是一样的。包括他读书的时候有很多很搞怪的、很难的题，他先问我，你会做吗？我刚开始其实不知道他为什么要问我，我说我会做。我以为他要求助，只要我说我会做，他就放心了，因为他知道有答案，就会想办法自己努力做。其实这是经过自己的努力积累、成长，自己解决问题的思维模式。这种思维模式在心理学就叫成长型思维，相信自己能够通过努力获得成长，相信通过自己的努力能够提高自己的能力。所以我每一次的成功是因为我努力了，变得更强，努力失败了我也获得了能力，也获得了成长，我的力量也提高了，这是成长性思维，首先父母亲自己要有，要坚信孩子是会成长的。因为有很多父母总觉得别人家的孩子好，别人家的孩子又努力又聪明，但是父母自己首先要树立这样的信心，天生我儿必有用，他会展开自己幸福的人生、绚丽的人生，我只是在支持他、帮助他成长。 我们树立了这样一种成长型的思维，对孩子有信心，这是积极心理学中非常重要的品质，就是希望、相信孩子会变得越来越好，相信孩子会长大，也相信他会通过自己的努力获得应有的能力。 我们才能够帮助孩子寻找这样的一些经验，或者去积累这样的一些体验。

杨雄：李老师谈得很好，现在心理学比较流行、主流的就是积极心理学，这方面的书翻译过来的很多，李老师也是这方面的专家。

我谈一下个人的经历，20 年前，我曾经看过一本中译本的书，好像就叫《肯定性思维》，作者是谁忘了，那本书很薄，但是对我的工作帮助很大，这本书和积极心理学差不多，当时中国还没有翻译进来积极心理学的中心理论。 他提出肯定性思维和否定性思维，他说其实我们很多人，尤其是中国人都是否定性思维，什么事还没有做就"我不行，这个很难"，特别是对很多孩子都是这样，不要说孩子，大人也是这样，"这个不行"，不像西方人从小就比较 POWER，要挑战，中国人总是很谦虚，边上观察一下，看看别人。 但是现在 00 后、10 后受到教育现代化的影响，都是肯定性思维，但还是有相当部分的学生、妈妈、爸爸思维有局限、有盲区，还没有做任何事就不敢去尝试，否定自己，很多机会就丧失了，你没有做怎么知道自己不能做呢？ 就鼓励他。 这样的鼓励往往会有突破，人有这个潜质，只不过我们传统的文化会有谦虚，或称自卑，觉得比不过别人，我们的家庭教育也是这样。

我自己后来不论做科研还是尝试一些比较新的事情时，就用积极心理学或者肯定性思维，一定要冒这个险，去试一下，失败了就说明我不行，我可以接纳失败。 这些思维都是过去传统的教育里面否定的。 所以我觉得孩子要肯定，要鼓励他去尝试，往往很多事情有一个临界点，再坚持一下，突然发现有一个临界点会突破。 我教我儿子学游泳，他总是学不会，他试错一百多次，然后一天转折点出来了，一下子就学会了。

大家对思维导图、视觉笔记比较感兴趣，我补充一下，孩子的思维品质是分类型的，我读博士时反观自己，我属于画图形的，视觉型的，一本很枯燥的专业书，几张纸就可以把结构掌握了，我适合于归纳，适合于视觉化地掌握整本书的架构。这是一种思维品质，要分清楚自己的类型，进行相应的训练。

另外我个人建议大声朗读，比如说我要讲课，我们都是老师，去讲课时要融会贯通。 我三遍讲下来基本上可以把教科书扔掉了，因为写作和表达不一样，一旦要去演讲时是高度调动你的内驱力。 所以我建议孩子特别是比较腼腆的孩子，比较有畏难情绪的让他练习朗读，一本书让他大声朗读，他的听众就是爸爸妈妈、爷爷奶奶在他一开始讲的时候有点腼腆、有点害怕，但是他慢慢练习几遍以后就大胆了，讲故事也很好，这是锻炼他内化脑力激荡的过程，有很多的方法树立培养孩子的动力、内驱力。

主持人：谢谢杨老师。我以前有一个神奇词语，后来教给我女儿，她现在也学会了，每次我脱口而出时"这个我不行，这个我不会"，我都开始停一停，跟自己说"我是暂时不会"，"我是暂时不行"，我女儿现在也会了，她比如说这个我不行了，妈妈我是暂时不行，因为这其实是我们用语言来提醒大脑，转变我们的思维模式。有可能你一开始觉得这就是一句口号，但是说多了以后慢慢你的思维模式就会改变，这个英文里面有一个叫"先假装"，慢慢你的思维模式会跟上，而且改变了以后你的心理状态有一个正向回馈，又会刺激你的思维模式，我只是暂时不行，我可以坚持一下，慢慢就会了，这个就成为我们家里的神奇词，每次我女儿受挫了，为难了，我就过去安抚一下，我说"神奇词语是什么"，她在那里说"对，我是暂时不行，我们总有方法"，她说出来以后你就会发现孩子很神奇的，她脸上的表情一下子也不一样了，这是我自己实践下来的一个小方法跟大家分享一下。

关于视觉笔记，我们也要分析一下孩子的思维类型，因为人是分视觉、听觉、动觉和混合型的，是不一样的，有一些孩子我们说怎么老是坐不定，他可能就是一个动觉型的孩子。我们先去观察自己的孩子，因材施教，这是我们科学育儿的基础。

最后一个是特别好、特别简单、有用的，让孩子学会大声朗读，我们家是一个非常内向、慢热的孩子，很胆小，但是后来影响她的一个是大声朗读，一个是戏剧表演。突然有一天她会觉得很开心，开始突破自己。而这个其实是特别简单，就是在家里创造一个小舞台，鼓励她，我每天都是坐在那里让她读给我听，我当学生。这回归到刚刚李老师说的给孩子一点力量感，不要总是在教他，有时候你也做做孩子的学生，孩子从中收获力量，其实是最好的学习方法。

刚刚两位老师提了很多的方法，都是告诉我们，要帮助孩子获得内心的力量感，而且两位老师从骨子里认为每个孩子都有想要成就自己、掌握自己，变成更好自己的这样一个前提，我们要做的就是发现和搭建创造这样的知识性的环境。我这里有一个这样的问题，也是很多家长会问我的，尤其是孩子去了幼儿园或者说小学，父母建立的是一个不用那么关注结果，只看过程，可以再努力努力，没有关系的思维模式，但是到了学校幼儿园的时候，有时候可能不是那么幸运，为了鼓励孩子老师有可能或者无意识地会说，你看看别人，你看看你，或者老师也会跟家长说"你家孩子太差了，上学期还 20 名，现在已经 35 名了"，老师一找我们也会有压力，就会有焦虑。然后有时候也会质疑说，自己家庭的这样一个环境到底对不对，我想这个问题先请李老师跟我们说说。

李燕：我刚刚说我自己也遇到了这样的问题，因为我的孩子在刚读小学的时候，很多东西都不知道，不管是拼音、识字，当然男孩子数学可能有一些直觉，还好。但是阅读理解永远，一直到小学四五年级还不行。那时老师也总找我，这样那样，不是行为问题就是学习问题，其实小孩这个时候是特别需要陪伴的，当孩子遇到这样问题的时候，特别需要父母的陪伴，给予心理支持，事情可以一件一件地解决。知识可以一点一点地积累，随着每一次的努力，这些积累逐渐地会让他掌握该掌握的东西。

要培养掌握动机，怎么看成绩，因为我深有体会，所以主持人让我先讲也是知道我在这方面有体会。当孩子成绩不好的时候要让孩子知道。所有的不好都是暂时的，我这是暂时不好。第二我们要让他知道可能的过程是怎么样的，有一个非常有意思的研究，把刚刚入大学的学生分成两组，一组告诉他们说，你们来读书，成绩会越来越好，还有一组告诉他们说，你们来读书，刚开始可能适应得不一定那么好，需要通过一段时间的努力才能适应大学生活。然后就观察，刚开始入学教育时就这么一点差异。看这两组大学生毕业的成绩，整个四年的过程，以及是否还想读原来的专业。结果发现告诉说"你们可能刚开始成绩不好，你们必须通过努力才能够慢慢越来越好"的那组大学生，喜欢自己原来的专业，而且他们成绩确实会越来越好。而第一组大学生他们遇到好的成绩时很高兴，遇到不好成绩的时候就很沮丧。

我们的孩子也是一样，我经常跟孩子说，男孩语言能力本来就发展得比女孩要晚、要慢。但是慢慢你会好起来的，会逐渐变好，就像主持人说"暂时不会"，现在不好，慢慢会好起来，这些字长大了大家都能认识、都会写。你对语文的理解也会越来越好。 当然他后来经常问我，到小学高年级经常问我，"妈妈我怎么还没有好？"但是不管怎样他相信自己会好起来，他虽然语文一直都不太好，但是他从来不怕语文，而且后来他接触英文之后，对英文的领悟力、理解力非常好，虽然小时候阅读他总是得不到很高的分数。

老师打电话来，每次我都心惊胆战，心想不知道又做了什么事，成绩不好还是作业没写。 有一次居然老师跟我说，他找了一个"小妈"，因为给他签字，写作业要家长签字，他找他同桌给他签了字，这种事情确实很多，也会受挫折。 但是在你跟孩子交流的时候，首先想一下你是不是相信孩子将来会好，你要有这种笃定的自信，笃定的期望，同时相信你的付出，你每一份付出都会换来孩子的成长，你有了信心也会把信心传递给孩子，孩子也能够逐渐知道，虽然我现在不好，暂时不会，但是我通过努力，能够一点一点好起来，通过努力逐渐掌握知识，达到我可以达到的高度。

主持人：李老师刚刚的分享非常令人感动，而且极大地缓解了我们的焦虑，你看上海师范大学学前教育学院副院长的孩子也有很多问题，所以大家不要觉得我已经那么努力，我的孩子为什么还不好？ 人家的父母基因好，育儿也同样操心。

李燕：我特别感恩我学的专业，不管是心理学还是学前教育，在研究过程中获得了很多的收益，给了我们一种力量，就是每当你发现孩子有问题的时候，你先问问自己，我是不是相信我的孩子会好。这句话很有力量，也非常温暖，如果有相信的力量，那么眼前这一学期一个月发生的问题放在一个长时间段里，可能就没有那么容易焦虑了。

我爸爸是小学老师，我什么幼小衔接都没有做，直接裸奔上了小学，小学一年级我成绩很差，差到不想去上学，在家的时候就说，我每天要去把学校炸掉，我外婆很气，我妈妈也很气。我特别感激我爸，他拉我出去散步，跟我说："你知道吗，你同学为什么学得比你好，他们是没上小学之前就学过了，你想想他们不划算的，你玩的时候他们在学，现在你学的时候他们要跟着你再学"，这句话一说，我的自信心就激发了，我觉得比他们划算，我一年级、二年级都是落后的，但是我自己心里有一个小声音说："我比你们多玩，你们有什么稀奇，你们多学了而已"，有心理优势，到了三年级、四年级还真的就追上了，而且因为我爸看中学习习惯，而不是成绩。所以一年级、二年级成绩无所谓，但是我很多习惯他抓得很严，成绩慢慢就上来了。

主持人：现在的焦虑，很多需要学校教育和家庭教育的配合，家长如何配合学校，缓解育儿焦虑？

杨雄：这个话题涉及学校教育和家庭教育相互配合。我知道大部分的老师心是好的，也希望班里所有的孩子成绩好，这个也是考核老师的指标之一，所以老师也很焦虑，比较喜欢成绩好的孩子，如果成绩一旦拖了后腿，有时候就会打击你。家长就受不了。怎么样处理好这个关系呢？第一和老师加强沟通，和老师多沟通，比不沟通要好。第二个特别是幼小衔接刚开始的时候，不要过分看重成绩，尤其是孩子刚开始的时候，我也经常把我孩子做例子，我是一个失败的例子，我孩子在中小学的时候成绩一直落后，而且我的方法很粗暴，尽管我好像很专业，其实面对孩子成绩不好不能接受，我觉得我的孩子怎么会表现这么不好？孩子小学、中学都是比较好的学校，他成绩不能说是垫底，但是倒数10名以内，我也很沮丧。甚至有一阵子态度很生硬，因为我小时候是学霸，从来没有觉得学习是困难的事情，怎么我儿子遗传这么差？我很感谢我太太，她在我们父子关系中起到很好的缓冲作用。现在，我儿子研究生已经毕业，他和他妈妈关系很好，现在我们关系改善了，但是对我有一点敬畏感，这就是童年的记忆。

要允许孩子有发展的个体差异，特别是男孩子相对发育晚一点，尤其是中国的高考、中考难度太大，因为都是选拔性考试，要淘汰一半人，即便是北上广教育资源很丰富，还是有一半人被淘汰，对此很多家长不能接受。当然我们高等教育普及化了，80%可以上大学，还有职高贯通，教育部出台了《职业教育法》。但是现在的家长期待也很高，不是说读一个大专、读二流三流的本科，要读头部学校。要提醒各位家长，不可能每个孩子都能够发展很好，都考中最好的学校。这种发展的可能性和现实的规划结合起来，这样父母就会减少焦虑，我想任何孩子只要家庭教育正确，对孩子充满"适当"的爱，自己示范做得比较好，孩子将来总会发光发热，尽管没有考进一个很好的大学，但是他会在某一个岗位、某一个领域做出他喜欢的业绩，尤其是他做他喜欢的事时一定会出彩，所以不要太担心。

成功的家教

主持人：今天两位专家老师的分享很真实、很感动，我听到现在也有很深的感悟，两位专家都现身说法，虽然自己从事儿童教育，自己孩子也有过短暂的落后的过程。 但是我还有一个感悟就是做家长的一定要找到一个自己内心成就感、价值感的来源。 我们很多家长有一个等式，我工作好，所以我孩子以后应该也要比我更好。 或者说我是名牌大学毕业的，我孩子也要名牌大学毕业。 杨老师刚刚说了一个正态分布，还有一个均值回归法，三代学霸以后总会有一代开始回归了。 所以这些其实是在提醒我们，当我们在说很多时候很焦虑或者怎样的时候，可能我们真的是有太多的期待，如果我们自己能够收一点回来，我学学前教育、研究学前教育也好，孩子的好坏与我的专业能力不是等同的，这些东西也能帮助我们更好地看待孩子。

杨老师的分享提醒我们一点，要去更新我们对于成功的定义，刚刚杨老师说到成功和幸福不只是来自读到一个好的大学或者做一个功成名就的工作，让孩子去做他真正喜欢的事情，他就是很幸福。 而且在这里能够找到自己的位置，今天虽然我们在说打造一个孩子的内驱力，但是今天贯穿始终的一句话帮助孩子挖掘他内心的力量感，这份力量感最开始就源自我们父母，父母怎么看待自己，父母怎么看待别人评价我和孩子，这些力量感，包括我们怎么看待自己成功的价值观，这份力量感有了以后，可能再去看孩子的内驱力，解题思路就完全不一样了，但是如果我们自己内心是虚弱的，我们非要强忍着找外界的标准说，就是成功或者怎样的时候，你怎样都无法激发一个孩子的力量感。 我觉得这是我们今天特别可爱、特别真实、特别可敬的两位专家老师给到我们的最大收获。 两位老师觉得最成功的家庭教育是什么？

李燕：我觉得对孩子、对家长、对家庭、对未来最最重要的就是要学会享受为人父母，在感情上投入，用心地去体验、去欣赏自己和孩子，要相信没有完美的父母，只有真实的父母，我们要好好享受和孩子宝贵的不到 20 年的时光，去真正地享受、体验孩子的成长，让孩子也感受到你在为他的成长欣喜。 我觉得在这样的环境中长大的孩子有自然成长的动力。

杨雄：我写过一本书，讲育儿和教育的心得。 有机教育，这个理论是我提出来的。 有机教育就是说到教育是农业，不是工业，人的成长是个体化很强的，不像流水线压出来的一个杯子一模一样，所有的树叶不可能一模一样，一样的道理。 人类的有趣就是差异性，如果一模一样就没有趣。 根据有机教育的观察，我觉得合适的教育是最好的教育，不要去比较、模仿，适合自己的教育，适合自己成长的教育是最好的教育，每个孩子的禀赋、发展可能性都是无限的，适合的家庭教育才是最好的教育，不要去简单地模仿、跟从。 第二要做一个智慧的父母，我也是有了孩子以后，因为我们都是第一次做父母，我也只有一个孩子，如果我有第三代会把这套理论付诸实践。 为什么说父母培养第二个孩子比较好呢？ 因为他有经验了。 第一个孩子都是实验品。

打造孩子内驱力

高质量陪伴

相旭东

上海市金爱心教师。人社部教育培训中心心理疏导岗位技能培训项目中心专家顾问、教材主编。上海市终身教育研究会家庭教育专委会副主任，上海开放大学、上海家长学校《家庭教育指导（丛书）》主编

　　尊敬的领导、各位家长，晚上好，很荣幸来到这个讲座，我们讲座的主题是如何实现亲子间高质量的陪伴。研究发现，在不同的年龄段、不同的家庭，孩子需要家长不一样的陪伴。今天我们主要谈一谈小学阶段的陪伴，前面0—6岁和后面的青春期也会略微提一下。

　　在不同年龄段不一样的陪伴方式，总结下来可以用4个汉

字来进行一个基本的归纳——比从北化。

图1　四个古汉字符号依次为"比""从""北""化"

当孩子还小的时候，这个字叫"比"，大家记得读中学时候有一篇《核舟记》，其两膝相比者，各隐卷底衣褶中，比是靠近的意思。孩子刚出生，在年幼的时候，孩子要靠近你，依赖你。第二个是"从"。汉字"从"是跟随、效仿的意思。随着孩子年龄增长，到了小学那个阶段大概就开始了，他更愿意跟随着你、效仿你。正因为孩子跟随你、效仿你，你的陪伴方式跟以前要不一样。跟随、效仿一段时间，大概到青春期的时候开始，我们都知道一个很熟悉的词——青春期叛逆。孩子跟你有不一样的想法了，他的意见跟你相左了，他会背离你的一些想法了，这个时候那个汉字叫"北"，背离的意思。你看两个人背对背了。青春期后，两个人互相倒过来，换个角度看问题，那个叫"化"，到了青春期之后真的是需要换一换的，所以"比从北化"可以基本归纳0—18岁我们如何来陪伴孩子。

0—6 岁的陪伴

在座各位家长，0—6 岁孩子你怎么样陪伴他？

高质量陪伴

0—1/1.5岁	1/1.5—3岁	3—6岁左右
美好、爱、接近	愿意掌握自己的命运、挑战困难	完成任务的喜悦、目标感强
基本信任	自主性	主动性
不信任	羞愧和怀疑	内疚
不相信、疏远、退缩	追随者、依赖、缺果断性	缺乏主动性，总是依赖别人

图2　埃里克森人格八阶段理论中的前三阶段

这个图片基本上可以归纳这一个阶段，图片的上方我们称为陪伴得比较成功的，下方陪伴得不大成功，中间还有一个箭头。家长应该普遍都能够回忆起来孩子在生命第一年，给你唯一的信号就是哭。哭了之后怎么办？有好多家长说哭了不能就去抱的，一哭就抱要养习的。一哭就抱真的会养习吗？这个习什么意思？是说孩子依赖你。所以有不少养育者会想尽方法让孩子不"养习"，甚至可能会不采取措施，让他哭一会再说。

心理学上不赞成这么做，因为在孩子是个胎儿的时候，并不存在我们今天所说的生活环境，可以说胎儿自己就是环境的全部。出生以后才会有这种生活其中的环境。我们发现那些一哭就能得到很好照料的小孩，说明家庭里面的主要养育者的心思在孩子身上，没有刻意让孩子多哭一会，以求得自己可以不要太操心，孩子感觉周边的环境挺友好的。孩子不会说话，但他能感觉到这种友好感，我们把这种感觉称为一个人生命第一年，与环境之间建立起最基本的心理的底色——与环境之间建立基本的信任关系。反过来，对于延迟满足或者不予满足的孩子，可能感觉不舒服，他跟环境建立的是基本的不信任关系。第一年这一点小小的差异会带来后面很大的变化。

我们又发现那些愿意去全身心照顾孩子的家长，在孩子再长大一些的时候，他们的养育方式更加有助于孩子自主性的发展，有助于孩子形成良好的自我感。我们以会说话和会走路为标志，孩子基本上就知道我自己是自己了——这句话可能很多人听得不明白——我们都知道弗洛伊德所讲的"本我、自我、超我"：自我，在生命头两年里逐渐形成；所以在生命第一年，孩子咬手指头，吧唧手指头。有些老年人会采取一些极端措施，说怕将来形成坏习惯，给你涂点辣椒你试试看吧——孩子一咬就哭了，对不对？你别忘了，对孩子来说，根本就不知道这是我的手指头，它也只是外面一个东西，一啃，辣得要死——环境很不友好。

只有当自我感逐渐形成之后，他才体会到我是我自己。这个时候，孩子什么都要动，什么都要玩。愿意满足孩子的家长、养育者，让孩子尽情投入地去玩，孩子更加愿意去"这个摸一下，那个试一下"。我们把这个叫在环境面前他拥有了自主性。怎么理解自主性？拆开来理解——我自己是主人——你明白了吧：在环境面前我有主人翁的姿态和感觉，那边是客，我可以随意去跟他互动的。相反，不愿意让孩子什么都动，过早地给他做规矩，这个不许碰，那个不许碰，老老实实待着——孩子在环境面前产生的是羞愧和怀疑的体验。我们发现当初想让孩子"继续哭一会，哭服了就好了"这样的家长更加容易用这种方式带孩子。

所以孩子还没到三岁已经不一样了，但这个不一样，很多家长看不清，也不理解会影响后来的发展。

另外，家里面，生活中间，大家是怎么说话的，对孩子来说影响也很大。孩子通常是在一岁左右开始说话，家里面人怎么样讲话，影响孩子说话的水平。心理学的研究发现，在生命第一年，孩子还不会开口说话，如果主要的养育者能够经常有规律地跟这个孩子说话，孩子的语言敏感度会提高，语言能力会提升，甚至记忆能力也会提升，这方面我们很多家长可能没有了解过。我们以往的心理学只研究了开口说话什么时候开始，一岁左右，开始的时候会叫爸爸妈妈，然后是简单的、没有逻辑的语言；后来变成能讲完整的句子了；两岁半左右会自言自语，我们把它叫作内部语言；三岁左右会跟别人交流了，我们说有了社会语言。

语言能力，不仅仅是开口说话的问题，它还包括聆听、理解和记忆。研究发现孩子尚未开口说话，就已经具备聆听、理解、记忆这些能力。孩子已经会听了，并且能理解，还记得住。对于养育者来说，如果家中有一个刚出生的孩子，虽然尚未开口说话，但你要小心的——就是家中有个可以快速吸收语言的孩子，因而你和孩子说话、和别人说话都要当心。最好的是什么？你能够有意识地跟孩子讲话，这对于孩子未来运用语言能力来开展学习活动也好，人际交往也好，都带来极大的好处。 这个未来并不遥远，到孩子上小学就能派上用场。

很多家长不理解这些在生命第一年重要的养育细节，往往是孩子醒了，喂好奶了之后，把他斜过来抱着，一边拍一边摇哄他睡着——孩子很快就睡着了。 各位家长，你们都是成年人，你现在抬头看着天花板给自己摇一摇试试看。 被你摇晕了，眼睛不舒服了，他闭上就容易睡着。 孩子醒过来就哄他睡着，孩子醒过来就哄他睡着——你干嘛老要哄他睡着？ 你想省力一点，是不是？

比较好的做法是他醒过来了，不要那么着急哄他睡着。 你最好给他竖起来抱，让他看到一个正确的世界；他眼睛盯着某一样东西看的时候，你跟他讲那样东西，这个叫早期的语言熏陶、跟孩子有交流，这个很重要。 早期因为养育方式不同，能力发展不一样，语言能力是最关键的能力。 这个我有亲身体会，我们家孩子就是我带的，孩子语言能力特别强，一岁半就能讲绕口令了，虽然他开口说话的时间跟别人差不多，后来发现他背诵、理解、记忆能力特别强，他读书可以省力一点，我是怎么做的？ 先把这个小经验分享给大家：

第一，但凡跟孩子有关的事情发生的时候，配上语音、语言，相当于放电影一样，不是无声电影，是有声电影，能理解吗？ 比方说给孩子换尿布，跟孩子有关吧？ 有关。 那你不能无声地换尿布，也不能跟别人聊天甚至发着脾气换尿布，因为孩子感受着你正在给他换尿布，他皮肤有感觉的，要配上合适的语言。 比方说尿布长尿布短，宝宝尿布好臭，妈妈给你换尿布，一二三换好了。 下一次换尿布还是这几句话，每次换尿布就这几句话，只需要两个礼拜，你发现你换尿布的时候孩子笑了。 不是你尿布换得好，是这个声音又来了，他喜欢听这个声音，这个声音唤醒了记忆的愉悦感。

第二，孩子醒来不要急着哄他睡着，把孩子立起来抱着，看见啥你就说啥。 家里面东西多，你每样东西都说一遍，半个小时过掉了，孩子听得很高兴。 每一样东西最好下一次讲的是同样的话，你不用编新的东西，富有节奏的、动听的中国话我们都会的。

我有亲身经验，我们家孩子 11 月底出生，第二年的 5 月底，才 6 个月，还不会开口说话，那时候我们挂了一幅一个朋友送我的"富贵牡丹"。 他看着，我就说——"红牡丹、绿牡丹、粉红牡丹、花牡丹"，自己编出来的顺口溜，还有蝴蝶——"红蝴蝶、绿蝴蝶、粉红蝴蝶、花蝴蝶"。 每次讲那么几句话，我也不累，他听得很高兴。 那一天我刚说完几句，他突然开始说话，像外星人一样，我听不懂，11 个不同的音节。 我知道他想说，只是声带没有发育好，无法控制，自我感已经有了，他想要表达，但是无法控制，很神奇。

再过一个月多一点，7 月头上。 天热了，我盘腿坐在地板上，他坐在我两腿之间，面前地板上放了一本书，那个书是彩绘本的《半小时妈妈》。 我跟他讲这个故事讲了很多遍了，书已经翻旧了。 你们可以想象那个场景：当我讲故事的时候，各位家长，我的嘴巴在哪个位置？ 在他后脑勺上方对吧？ 我讲故事讲到一半的时候，他妈妈跟我说个事情，我就抬头跟她说了几句话。 第二句话刚讲完，第三句话还没有开始，我儿子不乐意了，他转身抓住我的下巴扳回来。 转身扳回来，什么意思？ ——你继续讲这个。 把我吓着了，说实在话，这个细节至今难忘：儿子怎么知道刚才我讲的不是故事？ 他才 8 个月不到，已经听出来这两句话不对，这是第一，他能辨别语言了。第二，他知道这个地方你应该讲什么，他要听你讲该讲的东西，说明他已经具备语言的聆听、理解和记忆的能力。

这个是生活中的实践。 实践证明他跟别人一样，一岁开始会说话，一岁半会讲绕口令，到两岁的时候就可以跟别人正常交流了。 这个经验的背后就是我们心理学一个研究成果，那是美国人研究的——刚才我说的，在生命早期的时候，主要的养育者如果跟孩子经常性有规律地说话，这个孩子的语言敏感度会提高，他的语言能力和记忆能力都会提高，就超出其他不是这样养育的孩子。 这就是家庭教育，这就是陪伴。 陪伴是什么？ 当孩子靠近你的时候，你要走进孩子的世界，在孩子的世界里有一个有趣的爸爸，有一个孩子愿意听他讲话的爸爸很重要。 当然妈妈也可以。 建议生命第一年那个讲故事的人最好是爸爸，因为婴儿更喜欢听男性的声音。

这是在我们孩子上幼儿园之前最基本的能力，还有其他方面，我就不多展开了，这个是最要紧的，所以要说一说。 等上了幼儿园之后，我们会发现具备这些能力的、拥有自主性的孩

高质量陪伴

子，他更有主动性，老师很快发现孩子的互动性很好。 相反另一些孩子可能很内疚，躲在旁边，我们称跟环境建立基本信任的关系、拥有自主感、有主动性的孩子已经拥有了自信；相反是感觉到自卑了，孩子是否能很快跟老师交流互动，能够体现出这两种不一样的风格，虽然这个风格还没有定型。

0—6岁家庭养育的常见错误可以简单罗列一下：

第一，延迟满足或者不予满足。

第二，对孩子看护有余陪伴不足——大家可能听不懂，看护和陪伴最大的区别是什么？ 一个简单的标准：你俩在做同一件事情叫陪伴；你俩是在一起，你看着孩子，你在做你的，他在做他的，那个叫看护。 孩子需要的是陪伴，不是看护；一半以上的家长做不到陪伴，哪怕他全身心在家里面照顾孩子。

我们可以想象一种场景：超市里面有很多电动玩具：电动狗、电动汽车……孩子说我要买这个，妈妈说不买，你有好几个，他说不行，这个我还没有买。 500块钱，好吧，那买回去好好玩，你自己要买的。 回家以后拿出遥控器来，那个电子狗在地上跑，孩子操控着，他玩得蛮高兴；你旁边一躺，手机一翻开始发抖音。 才20分钟他不要玩了，说妈妈你给我手机玩。 那不行，手机不能玩，玩那个玩具；那个玩具不好玩。"什么？ 不好玩，是你自己要买的"然后开始教训孩子，教训他说话不算数以后怎么办？ 你跟一个尚未拥有社会规则的孩子说这句话是无效的。 你这个叫看护，对孩子只有伤害，没有任何的好处。

什么叫陪伴？ 这样的场景叫陪伴：东西拿过来，妈跟你玩。 什么叫不好玩？ 你跟狗狗比赛爬，看谁爬得快，我来操纵那个遥控器。 然后你操纵遥控器，让小狗转弯，孩子也跟着转弯，爬了半个小时他满头大汗。 他说："妈，遥控器给我，你来爬，"你说："行，我来爬，"又来了一遍，这个叫陪伴，你俩在做同一件事情。 玩了两个小时，你累了，孩子也累了，这两个小时，孩子全身心在这个游戏中，他的手眼协调，四肢协调，大脑神经系统获得高度的训练，而且他很有愉悦感，你也锻炼身体了。 所以陪伴孩子，你不能穿短裙，要穿运动服，是这个道理吧？ 这种神经系统的锻炼，就是未来读书时最好的基础。 这不是掌握多少知识的问题。

第三，重视知识而忽视功能。 生命早期不要过早灌输知识。 我们把大脑比作电脑，早起养育不是关于这个电脑里面存进去多少知识文件的问题，而是关于这个电脑操作系统水平的问题。 大概4岁半到5岁之间，大脑发生神奇的一个过程，叫卸载，把之前学的知识全给忘了，文件删除掉了——卸载，可是操作系统不会卸载，所以过早学知识是没用的。 但是这种锻炼，这种体验是重要的，只有对语言文字符号的了解不会卸载。 很多家长不了解幼儿园的教学，觉得啥也没教，幼儿园的学习，学什么？

"宝贝，今天老师教什么？"

"教了鹅。"

"写给我看一下？"

"写不来"，你心想那老师教了啥？搞了半天还没学会一个鹅字，"那你们干什么了？"

"看了电视"。

小孩子还小，他说不清楚，光说看了电视，你就认为老师就让孩子们看电视，看个大白鹅。其实不是这样的，小班有个课叫《家中的禽类动物》鸡鸭鹅是最常见的家禽。公的母的不一样，下的蛋不一样，吃的东西不一样，生活场所不一样，叫的声音不一样，羽毛不一样……啥都不一样，对不对？看图片，然后对照着图片找对象，搞了半天，孩子们都知道了鸡鸭鹅的特征，鸡鸭鹅能区分清楚了，再看个电视，看一看它们是怎么样生活的。

老师为什么要这么做？无非让孩子在他的语言符号里，当提到"鹅"这个字的时候，他脑海里面浮现出的画面感是正确的，跟别人交流时知道你在说啥。老师还特意关照今天午餐我们加点特殊的菜，咸鸭蛋——不是鸡蛋，体验一下。睡了午觉，2:00起来之后我们玩游戏。玩什么游戏？家中的禽类动物：天晴了，鸡妈妈带着鸡宝宝出来找虫子吃，打雷了，下雨了，鸡妈妈带着鸡宝宝要跑回家去了，这个时候鸭爸爸最开心，下雨它最开心，鸭喜欢下雨天，它不会跑，孩子从不同的角色里面表演着。

"又玩了游戏？"

"对，玩游戏。"

"那你演个啥？"

"演棵树。"

家长脸一板——干嘛演树，不演大白鹅？ 老师偏心眼，让孩子演树。

"怎么演的？"

孩子做给妈妈看——天晴了手臂伸直撑开，是这个样子的；下雨了，手放下来，就这个样子……

"这老师偏心眼，让我们孩子演棵树！"

我们家长普遍这么理解。 但他不晓得在现场孩子演棵树，他必须看清楚，鸡妈妈带着鸡宝宝从哪边出来到哪边找虫子吃，鸭爸爸在树下面躲阴凉，它怕晒太阳；等会打雷了，下雨了，鸡妈妈带着鸡宝宝要回去了，然后鸭子"啪"扑出去，下雨了，很开心……这个孩子全神贯注20分钟，始终保持自己肢体是可以控制的。 你家孩子获得了最好的神经系统、注意力的锻炼，老师确实"偏心眼"，偏向你们家孩子了。 可是，我们老师就这样子被家长给冤枉了。 各位家长你信不信，幼儿园教学不是知识积累的问题，而是学习的基本能力获得发展的问题。 这样的孩子上小学的时候才能保证他的注意力集中，手眼协调系统到位，他可以坐在教室里面跟老师互动，否则他做不好。

第四，越俎代庖以求自己省心省力。 我们在孩子上幼儿园的时候，千万不要讨好孩子，好多家长喜欢越俎代庖，把孩子的事情给包办了。 最典型的是喂饭，小班了还不会自己吃饭，中班了还不会用筷子，你不要以为是疼爱他。 其实在别的同学面前他是丢脸的，会打击他的自信心。 为啥要喂饭？ 不就是这样的场景么？ 可能家里头爸妈自己不做家务，爷爷奶奶做。 奶奶想着你们都不干，我一个人干；孩子吃饭那么慢，麻烦死了，快点喂好结束。 孩子需要尝试锻炼，慢点吃试试看，弄了一桌子没问题，一段时间以后就不会了。

小学的陪伴

当孩子愿意跟随和效仿家长的时候，家长给出的回应很重要。

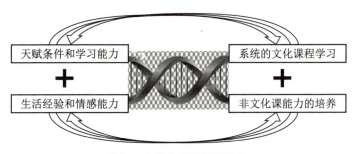

图3　各种能力的相互作为

图3代表着进入小学意味着什么。 进入小学意味着要进行系统的文化课程的学习，加上非文化课程能力的培养，包括体育、绘画、音乐、美术、劳动技术。 我们说五育并举，全是重要的，没有一个不重要。 孩子凭什么来学习系统的文化课程？凭什么来培养他的非文化的能力？ 凭他的天赋条件和学习能

力，还要加上他的生活经验和情感能力。 什么叫生活经验？生活里面经历过的体验，叫生活经验。 倘若生活里面经历过的体验是吃饭只能用调羹，不能用筷子，到了小学之后就输给人家了。 如果情感能力和语言能力不够，无法把心情说清楚，无法把想法用语言表达清楚，一旦不称心、不如意，就发脾气、发飙，所以发脾气是他唯一跟别人沟通的方式。 到了班级里面也是的，同学之间也用这种方式，还经常造成误解，以为这个孩子是多动的，恶意吵闹的，其实不是，而是因为表达能力不够。

我曾经在中学教书，当时有对夫妻是大学里面的教授，去家访的时候夫妻俩都跟我讲，相老师，你要有个心理准备，我们家孩子实在是皮，小学里面每个礼拜老师找我们至少 3 次。他是住校生，开学以后确实有点问题，但是我没找家长。 举个很简单的例子——出操了，他会拿个硬币往人头上扔一下。 这是违反纪律的。 我后来明白了，他不是故意调皮捣蛋，就是不会用语言表达，也不会跟别人交流，他只是用肢体的方式来跟你碰撞和接触，希望你愿意跟他做个朋友。 为此，我特意开一次班会课，我说：这个同学，当他来招惹你的时候就是表示他想跟你交流；愿意的交流一下，不愿意的回敬他一下。 没问题，我不会来追究的。 同学们都心知肚明了。 上晚自习，这傻小子数学题目做不出来了，往地上面一躺，躺在走廊里面。值班老师说你们有个学生怎么躺在地上？ 我说你别管他，你放心好了，躺了 5 分钟以后自己会起来；同学们一点都不紧张——你躺着好了。 只是他难受的，躺一躺才好受；同学们愿意包容他、理解他的时候，觉得很好玩，你怎么今天不躺了？ ——说明他会做这个题目了。 过了国庆节，这个孩子的妈妈打我电话，说相老师我儿子是不是出问题了？ 我说什么意思？ 到现在为止已经一个半月了你没打过电话，是不是孩子出问题了？ 我说没问题，既然你这样说，你来一趟，我跟你讲一讲。 星期五她过来，我跟她一分析，这个妈妈立刻痛哭流涕，说到今天为止，你是第一个这样正确评价她儿子的。 这孩子后来考了上海财经大学。 这个叫情感能力，各位家长，这个情感能力是从生活经验中来的。

如图4所示，孩子要带着左边这两个能力去参加右边的两个学习活动，同时在右边两个学习活动过程中反过来会锻炼这两个能力，这就是学校学习的重要性。

我今天还特意选了下面这个图片：

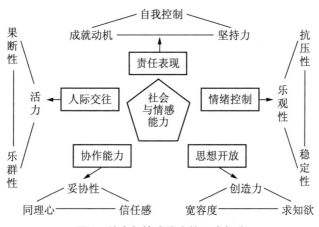

图4 社会与情感能力的组成部分

好多家长可能不认得这个图片，它是什么东西，这是联合国教科文组织和经济合作发展组织共同公布的"社会与情感能力"。今天世界青少年，我们不再评价他们的学习能力，要评价他们的社会与情感能力。包括五个方面，责任表现、情绪控制、思想开放、协作能力和人际交往，就像我们以前常说的非智力因素。它真的是一种能力，这些能力在生活中锻炼出来，也是在学习生活中锻炼出来的。所以国家教育部结合当前的学校教育情况、孩子们的实际情况，提出了五项管理。家长们知道哪五项管理吗？作业、睡眠、手机、读物和体质管理，你理解一下，去查一查，我这不展开。孩子有良好的身体条件，良好的睡眠，可以认真完成作业，手机要管控，不是说一点都不能碰，今天是互联网的世界，不可能不碰，怎么样碰的问题，这个很重要的。

还有一个，好多家长可能现在意识到了，让孩子干点家务是重要的，为什么，因为干家务后可以直接呈现结果，你帮爸爸剥毛豆，剥好了就有了，煎个荷包蛋，煎好了就可以吃了，结果或者反馈立刻就出现了，吃一吃满意得很，吃一吃不满意下次再来，干家务可以在反复操练中体验到我通过行为可以创造一个结果，这对一个人是重要的。当然我们家长心中更加重要的是孩子学习。成绩重要不重要？重要的。我从来没有反对过学习成绩，我甚至不反对公布分数，你把分数抹了，说ABC等级；谁都知道A要比B好一点，那不是换汤不换药吗？

从小学生心理发展来说分数是重要的，但是只有分数是不对的。 小学生喜欢全方位与其他同龄人竞争，什么叫全方位？
你今天得了个五角星，算了不起了，但是我那个鞋子是新的，
我也觉得有面子了。 你英语考了个满分，我今天跳远跳得好，
我也是一样的。 孩子心中这两者是等价的，他只要发现我某一
样东西好就高兴了。 是我们家长舍去了其他的不看，光看分
数。 太可惜了。

我特意画了这个示意图5：

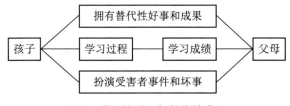

图5　学习的过程与替代性满足

我们称之为小学生成长的路径，中间那一条：孩子的学习
过程，学习之后产生一个学习成绩。 请问各位家长，那个学习
成绩是不是学习的结果？ 多数人认为它是个结果。 其实不
是，对孩子来讲那个成绩还不是结果，成绩后面父母的反应才
是结果。 假设某个孩子第一次学英语，通过一段时间的学习以
后，练习卷一做，他拿了个 C，一个班级 30 个学生，20 个 A，
5 个是 C。 你家拿个 C，一回家一看妈脸拉得贼长，孩子心里
咯噔一下。 再过一个月又是一个 C，你好受吗？ 你笑不出来
了。 因为你很看重这个成绩，可是你不晓得有些人天生不擅长
某类学科，学得苦还是不会。

家长脸拉得贼长，大家留意这个时候孩子内心很忐忑。 心理学有一个非常重要的研究成果，家长必须理解：每一个小孩，包括成年人，对自己的父母在生命深处与生俱来有一种内疚感或者叫罪恶感。 父母生养了我，吃父母的，用父母的，如果让父母不开心，孩子会觉得很忐忑，就没价值了。 如果父母脸上有笑容，他就可以消除这个罪恶感，这个叫亲情。 自从两次英语 C，妈妈脸拉得贼长之后孩子忐忑了：原来我真的是不值得。 双休日你带孩子参加了某个绘画班，孩子的画被贴在墙上，老师说你们家孩子画得蛮好，将来可能是个天才，你脸上有一丝笑容。 孩子立刻觉察到——还好，我妈笑了一笑。 你信不信，第二天上英语课的时候他满脑子是那幅画，这叫注意转移。 甚至英语老师在讲课的时候，他悄悄临摹书上的插图都说不定。 这是大脑自然而然的功能。 什么功能？ 利己，自我服务，为自己的舒服服务，他会选择绕开英语去画画，心理学称之为替代性满足。 既然英语不能让我满足，英语老师不能让我满足，能换来妈妈脸上有笑容的是画画，那就是画画了，这个叫第二条路线。 时间一长，他自认为我是个会画画的人，将来真有可能搞画画去。 也行！ 问题是有的孩子第二条路也不存在，爸妈脸上始终不会有笑容，他只有第三条路：大概 3 年级左右开始，他老是跟你提各种学校里面的糟糕事——谁今天抓了谁的小辫子了，谁在厕所里面摔了一跤了，谁借了橡皮不还，谁踢了谁一脚，老师今天骂了谁，谁有手机在玩，妈我也要一个手机。 你说不行，他说一定要，不要我就不去了——他在扮演一个坏小子。 扮演坏小子有什么好处？ 有一个好处：我妈生的孩子是聪明的，是好孩子，只是我不想读书，我上网成瘾，我是个坏孩子；所以坏孩子受到好妈妈的责罚，他就可以不用内疚了，罪恶感就消除掉了。 坏孩子已经被好妈妈责罚了，这个心理效应就发生了。 这个心理效应发生之后，他会继续扮演那个坏孩子，然后社会的各种信息支持他有理由扮演坏孩子：一个信息说读书唯分数是错误的，作业多学习压力大是错误的，应试教育是错误的，第十名比第一名更加有出息……小道消息满天飞，爸妈可能饭桌上面也讲过，他全收进去了，找到一大堆理由为自己服务，来证明坏孩子就是我，好妈妈是你；因为他爱你，以自己的不好成就了你是个清白的好妈妈。整个过程他不是故意的，他是下意识的，他自己也不知道为什么这样做，总有一股能量让他试图去做，这样心里面好受一点。 这个时候要改变孩子现状就困难了。

所以陪伴孩子，你必须彻头彻尾做一个爸爸和妈妈，你不能做家庭老师，也不能做指导者。 怎么做？ 一年级到五年级有具体的要求，建议你试试看。

一年级的时候真是陪伴式的家庭教育。 一年级孩子还不会读书，主要是口头作业，需要家长参与其中一起来做。 比如汉语拼音 aoe，你也来个 aoe，两个人比一比谁嘴巴更加到位；老师发过来的视频你看一看；我们模仿，一起来……对孩子来讲，这是一场游戏。 这个游戏玩得好还是不好主要在于家长，你陪他一起玩学习的这个游戏，让他逐渐掌握要领，因为一年级重要的是要进入角色。 好多家长不愿意，还没做过陪练，就要做教练了——"跟你说都错了，重新来一遍"——对孩子一通指责；你觉得在一年级孩子面前显摆你的能力很重要吗，家长？ 你不懂自己孩子，把他吓坏了。 他会觉得读书怎么这么苦？ 连我爸都变得面目狰狞了，还要来读干啥？

他不敢埋怨你，他会埋怨老师，不喜欢老师，不喜欢这门学科。 家长大概想不到，他的不喜欢是我们造成的。 一年级你要耐心一点，别不耐烦，孩子哪个字写不好，不是他故意的，孩子发育得还不够完善，手指控制力不够，手眼协调性不够，字写不好。 写得不好也可以的，一定要写得很好看么？但是要认真地写，你可以一起来写一写，帮他一把。 大家留意，知识本身是吸引人的，孩子刚开始学习的时候觉得很好玩，会写一个字很了不起。 但这种吸引很快被你弄丢了，知识变得不吸引人了，变成是为难孩子的东西了。 全在于你做家长的有没有耐心，你是否陪伴他学？ 这是第一年，孩子大脑发育很快，接受能力也很强。

二年级是鼓励式的家庭教育。 鼓励孩子自己试试看；自己做，鼓励孩子体验，这很重要。 所以各位家长，老师会说家长帮忙看一看作业，不是叫你批作业，叫你看一看，观察孩子怎么做的。 只是你陪他一起玩，玩什么，玩学习这件事情——这是人世间最好玩的游戏。 知识原来这么丰富，让知识吸引孩子，而不是孩子害怕学的知识。 所以鼓励孩子自己尝试的时候，你既不用严厉，也不去讨好孩子，需要细心。 我记得我们家孩子二年级的时候我做了一个决定，第二学期，我说今天开始你帮个忙，你帮爸爸做件事情。他说帮啥忙，我说你帮我检查你自己的作业做对了没有，我不想看了，我相信你的，你帮过我忙检查的我就签个名字，第二天如果我批错了，如果老师批评我，我不管，你负责，你要替你爸负责的。他说好的，我让他目标是一次就成功，不要修改。到三年级我和他都已经习惯了，我只管签名，看都不看的；不是我不负责任，因为他追求一次成功率，他自己会细心的，要为爸爸负责——孩子是有良知的，很愿意为你负责的。你顶多给他牛排煎得好吃一点。家庭教育，生活就是教育，让孩子感觉到因为有了学习，他获得了家庭的重视，这种被重视的感觉非常重要。

三年级是授权式的家庭教育。三年级的孩子阅读能力、学习能力已经具备，他很愿意去图书馆自己找书看，他愿意探究了。你就授权给他自己去做——你喜欢什么你去试试看。你不要跑在孩子前面，你躲在孩子后面，你要有一颗童心，让孩子在前面探索，你在后面托举着一起"玩"。那时候我们家孩子特别喜欢看地理杂志——那就买，他什么都要看，那我也去看一看，跟着他游世界。你要听孩子讲他学校的故事，一开始讲他还幼稚不成熟的学习故事，他甚至看了一个电视觉得很好，跟你说一遍，你要耐心听他讲，听孩子讲，并且给予积极的回应，孩子会觉得读书真的是好事情，能换来爸妈对我的重视。

四年级是丰富式的家庭教育，四年级的孩子能力又上了一个台阶，什么都可以去学，你要对孩子有信心。 不要不在乎孩子那些看起来不重要的事情，因为你都不晓得他将来哪个地方是长处。 所以你的孩子只有你最爱，你不要去跟别人比，而是要从孩子的角度出发去发现，让孩子每一个方面都可以有所发展，他喜欢啥就做，不会浪费时间的。

五年级小学要毕业了，我们提倡认同式的家庭教育。 什么意思？ 你一定要记得我一句话，家长同意孩子这样，孩子才会对自己满意。 什么叫同意孩子这样？ 他怎样就是怎样，你同意的，不要去追究他，他会满意一点，对自己满意的孩子，他愿意去继续往前走，无论他成绩好坏都往前走，好多孩子被家长弄坏了，因为你不同意他这个样子，反对他。

青春期的陪伴

很快，孩子上初中不久就青春期了。 所以在青春期之前，也是这一辈子你跟孩子之间最紧密的"从"这个层面的陪伴，因为接下来他就不"跟随和效仿"你了。 所以在孩子的眼中有一个怎样的你很重要，同样在你的心里有个怎样的孩子也很重要。 在孩子的眼中你是一个有趣的爸爸吗？ 是一个开明的妈妈吗？ 是一个愿意跟孩子分享，能够交流，对他有帮助的爸妈吗？ 还是一个一脸严厉、不管他感受的爸妈呢？ 同样，在你的心里面，这个孩子是什么样一个孩子？ 我们不需要，也不可能人人是天才，一个不是天才的孩子怎么样可以做最好的自己，这是你要问的一个问题。

很快，孩子会发现我们的社会生活，他的世界不是只有我们家，不是只有家人，他的伙伴关系让他对世界的看法不一样了，有他的想法了。所以面对初中生，面对孩子跟你相处有意见和出现背离的时候，你怎么做，这个时候家长自然而然很困惑"青春期叛逆怎么办"。家长很焦虑孩子不听我的话了。关键是你干嘛要孩子听你的话，你有没有听孩子的话？所以青春期叛逆要换个视野来看待，你能够理解对孩子就有帮助，我们把青春期叛逆换一个词汇来理解。

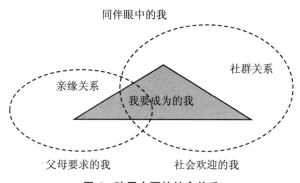

图6　孩子主要的社会关系

如上图两个圈：孩子小的时候，主要是亲缘中的关系，做着父母要求的那个我；大的那个圈是社群关系，小学五年读下来社群关系发生很大的变化，他更喜欢去看待同伴眼中的我，更容易去思考受别人欢迎的我是怎样的。所以这个时候他们思考我要成为怎样的我，自我同一性可能顺利，也可能遭遇了挫折，需要重新确认自我感觉。 基本方向是他想成为一个跟你一样可以自己作主的人。 如果你能理解青春期换一个说法叫成年预备期，你就能够应对好孩子。 什么叫成年预备期？ 家里面即将有一个新成年人诞生。 怎么样跟成年人交流？ ——给他留点面子，说话要有依据，不能强词夺理，他有不同的想法要听一听，再来交流一下——你这么想的时候，你就有办法去理解孩子，并且支持孩子了。

青春期到来了——"北"，遗憾的是这个"北"很长，大部分家庭亲子关系就停留在"北"这个阶段。 青春期叛逆，跟父母亲的交流隔绝了，没了……不了了之了，没有互相转换。 在这个时候孩子更加期望的是一起共同关注的事情，他关注什么你关注什么很重要，大部分孩子没有很好经历这个共同关注的过程就变成成年人了。 使得再往后"化"这个过程就困难了，大部分青年人在成年期过渡的时候，他们的痛苦成年人理解不了。 爸妈普遍不了解，也不参与，也不晓得，但他们会在同龄社群中找到答案，这个答案是他们的，不是你的，不是爸妈的。

很少有年轻人的爸妈能够比他更高一个层面，主动去找到由"北"而"化"。 同一个话题，儿女有不一样的看法，可以去坦诚交流，互相提高，那太幸运了。 绝大部分情况是等到孩子像各位一样长大以后再去体谅和理解老母亲老父亲。 有一天我们也老了，等着孩子来体谅我们。 所以"化"是最难的，很多人没有"化"，停留在"北"就结束了。 所以家长，趁孩子还小，大家要明白在陪伴中其实永远包含"化"的成分。 就是

高质量陪伴

换一个角度，从对方看问题，站在对方角度来理解问题，家长应该主动地去"化"。孩子还小，从儿童角度看问题，你能发现很好玩，这个叫在孩子的世界里面有一个你。

家长还需要警惕一个"假性亲密关系"。某一方对另一方有不切实际的要求、期望、诉求，被期望、被要求的那一方为了维护依然亲密的关系而迎合你，这种"假意"同意你、"假装"同意你，"牺牲"自己来维护这个安定的局面，叫假性亲密关系。这会伤害他的心理能量，伤害他的幸福程度。如果不幸福，婚姻关系可以解除，但是亲子关系解除不了，儿子就是儿子，女儿就是女儿。所以很多时候会发生一些微妙的事情，是孩子在你面前尽量保持、迎合你的要求，内心其实并不同意，这个孩子其实活得很累。我在做咨询个案的时候，碰到好多孩子活得很累，很辛苦，很孤单。一个家庭，爷爷奶奶爸爸妈妈这么多人，他就是孤单，这个叫假性亲密关系。

怎么打破它，家长主动"化"才能改变。从对方角度来看问题，最后家长要理解一句话：其实再怎么着孩子都是无辜的。无论文化课也好，体育运动水平也好，绝大部分的能力，至少一半以上来自遗传。以记忆力为例，记性好不好主要是遗传。遗传不是就父母亲这一代，上面好几代都有可能。那记性好跟记性不好的孩子在读书的时候，家长陪伴方式是不一样的：记性特别好，孩子一看就记住了，不用背书，大把时间空出来玩；记性特别差，不好，是你传给他的，你要检讨，是不是？所以当你跟孩子说"孩子你记性不好是我遗传给你的，读书比人家会辛苦一点，时间花得多一点，你愿不愿意？ 我陪你一起来"，孩子愿意的，只要你检讨他就愿意。 你非但不检讨还要骂他，那他被冤枉了，所以孩子其实是无辜的。 他是个未成年人，在你的养育方式中长成今天这个样子，继续往后长成另外一个样子。 所以"比从北化"的 4 个发展阶段，难就难在那个"化"字上面。 各位家长，我们时间有限，我只能这样粗略讲一讲，你去尽量理解怎么"化"。 如果有什么问题要提问的，你就问，我们还可以稍微回答一下。 谢谢大家。

互动时间：

主持人：好，非常感谢相老师一个小时的高质量的信息输入，我可以这样说，因为我看到我们在座的家长频频在举起手机在记录，接下来家长也抓紧最后的这一段时间，我们进行一个简短的互动，好吗？ 有什么问题我们就抓住这个机会来问一问，让我们相老师在这里现场解答，举个手。 好，这位，先介绍一下你自己。

男 1：相老师你好，我是一个三年级孩子的爸爸。 我觉得在学校里内心如果是很幸福的，他可能一天的状态就会很好，所以我现在也深刻地理解了内心充盈对他的重要性。 我也试着想怎么能够实现高质量的陪伴，所以很多时候我跟孩子商量就说能不能做一些有意义的事情，比如说我喜欢足球，但是开始的时候会很容易，一个兴趣对他来讲坚持下来是很难的。 我现在就是遇到困难。 前面很热闹，但是后面他兴趣降低了。 一方面有的声音是说兴趣是坚持下来的，另外一个又说兴趣是孩子最好的老师，所以我现在左右摇摆，能不能再让他坚持下去？

相旭东：我来解释一下。刚才我说三年级是授权式的家庭教育，第一，授权什么，爸爸授权给你去做你自己喜欢的事情，你喜欢阅读就去阅读，你喜欢看《哈利·波特》去看《哈利·波特》。授权是指我给你权利，你自己选择来做。各位家长，我们要让孩子拥有学会选择的能力，生活里面那么多可能性。他发现爸爸喜欢足球，他未必喜欢，他可能喜欢手工，孩子喜欢什么要你去观察发现的，因为你授权了，他敢跟你说的时候才发现原来他喜欢那个东西。第二，孩子的兴趣爱好不是靠坚持换来的。我们每个成年人的兴趣爱好都是靠成就感换来的。干这个活，你干得有了成就会继续愿意干。心理学的研究发现满足会增加需求，我这个事情满足了，我更加想要，这个时候自然而然就留下了兴趣爱好，不是靠坚持。

我举个例子，我们家孩子小时候喜欢玩溜溜球，有意思吗？大班开始玩溜溜球，到后来小学毕业的时候，电视里面所有的动作他都会，比如用溜溜球炫出一个埃菲尔铁塔的造型。这是他的同龄社群中的一种成就感，换来很大面子。到初中时候他是个班长，初二时他们班里面搞义卖捐款，他把抽屉里面的溜溜球拿去，都是好几百买的，他说50块一个，20块一个，同学们说班长，那东西卖不掉的。"怎么卖不掉，看好……"他就现场表演，被同学全抢走了。长大以后他不玩了，其实玩溜溜球也需要专注，也有愉悦感是不是，但跟坚持没有关系。所以，倒不如去看看你孩子可能喜欢做什么，你要对孩子怎么喜欢玩这个感兴趣，然后欣赏他玩这个。所以不是说爸爸有个兴趣爱好要传给你，不是的。爱，要以对方接受为标准，不是以你付出为标准。我们鼓励孩子尽可能享用我给你的爱去做自己，而且爱是不用还的；各位，无论夫妻之间，还是亲子之间，爱是不用还的，尽情享受。但爱是可以传递下去的，需要传递下去的，只有这样，将来孩子才能做个好家长。所以，这位家长，你以为孩子跟你一样喜欢足球，可能是个误解，要改一改。

主持人：好，这位爸爸。

男2：你好，相老师，我是一位三年级小学生的爸爸，自信的家长才相信孩子。我们平时的亲子关系，我个人觉得还是蛮自信的，然后他做一些事情也蛮自信的，但是通过跟班主任沟通后知道，他遇到一些没尝试过的事情，他会表现得有点自卑或者不敢去尝试，我想听您的一些专业建议。

相旭东：允许他不敢，不是每一样事情都必须敢于做。我举一个例子，有的孩子特别敏感，对于带一点肢体危险性的动作他很迟疑，他要观察之后才做，所以有时候他不敢是因为他可能太敏感，他可能太小心。这个时候爸妈要做一件事情是什么，要让他早做准备，他做好充分准备了，他愿意去试了，成功了，这个过程叫行为换来一个成功。这个我有亲身经验，我们家孩子中班的时候突然变得口吃了，结巴了，他其实不是真的结巴，只是他在跟别人交流时，他想要把意思说清楚，结巴是掩盖迟疑的一种方式，他背书不会结巴的。有一次学校组织讲故事比赛，选一篇适合他的故事，在家里先讲一讲，去比赛后，年级里面第一名。老师说奇怪，这小结巴怎么上台就不结巴了？学校第一名，代表学校去比赛，区里又是个第一名。几个第一名一拿，到五年级以后不结巴了，越来越敢于直接表达了。所以有个过程，你不用太紧张，他胆小未必是坏事，有的时候胆小是谨慎敏感，他至少不会出错，不会闯祸。

主持人：我们最后一位家长，今天发现都是三位爸爸在和相老师互动，可能也回应了相老师刚刚说的爸爸的一个陪伴是非常重要的。

相旭东：妈妈也是重要的，都重要的。

男3：相老师，我是一位一年级学生的家长，我们小孩刚开始学习写字，他比较追求完美，刚开始写的时候不断修改，修改很多遍，因为写不好。从心理学的角度讲，您有什么建议，怎么引导他在这个成长期间不断接受这种不完美？

相旭东：我觉得不需要引导他接受不完美，他既然自己想要再来一遍，试一试，就再来一遍。你顶多给他多买几张纸，然后你陪他一起，因为孩子可能意识到这个他写得不好看，他不满意，他要修正过来，那么就不如换一个方式，就是说达到一个什么分数值可以了，就行了。不用去刻意改变他，因为这是一个很好的品质。你要观察他时间用了多少，只要时间够用。很耗时间那不行，我说可能你们不要听，我们家孩子小时候也这个样子，写字不好看，两种方案，一种给他纠正，第二种，爸妈认为好看了，可以了。你告诉他书上那个字是印出来的，不是人家手写的，然后爸爸也写一个，妈妈也写一个，大家比一比字好像都不大好看，差不多了他就愿意了，不会追求很完美，但他能够接受。

其实你要留意，家里面成年人的语言赞同他这样、同意他这样很重要，如果成年人觉得写得还不好看或者怎么样，这个话只要露出来一点，他就不乐意了，他要获得爸妈的认同，就会好受很多。孩子很有可能是在家里已经产生一种称之为跟父母亲回应的方式——我做到最好了，他们俩才开心。你生活里面笑得多吗？你爱人呢？你们要笑得多一点，他就会好很多。有的时候是因为孩子试图通过这个东西换取你们的满意感，你们的笑容。所以刚才我讲过，爸妈脸上的笑容是很重要的，对不对？哪怕孩子英语连续两个C，你脸上还得要有笑容，这对你是个考验，你要想得开一点。这个时候家里面氛围会宽松下来，孩子会更加愿意学习，欲速则不达，你要有耐心。

主持人：又是一位爸爸，最后一个问题好吗？

男4：相老师你好，我是二年级的一个小姑娘的家长，我觉得我们家小朋友在学习上很笨，晚上作业做得很晚，第二天考试还是不好，然后回来以后压力很大，因为压力很大妈妈就不开心，妈妈不开心以后全家都开心不起来，都不开心了，我又觉得小朋友很苦，根本没有时间玩，晚上我会回来比较晚一点，想出去走一走，我每次都想把小朋友带出去一起走一下，但我带不出去，最后我也出不去了。我不知道，这个是我们家庭比较独特的一种教育方式，还是大家比较普遍的这么一个情况，也不方便在家长群里问，今天我鼓起勇气在这里暴露一下自己。

相旭东：这个是很常见的情况。

主持人：我们这位妈妈有一些共性。

女1：我们家小孩子四年级，成绩一直是倒数的，我也很暴躁，现在我想通了，一个人一个命。我自己是一名医生，我在门诊上看到很多小朋友心理压力大，学习好的，但是我觉得生活不只是学习，然后我就跟我们小孩说什么时间干什么事，过了这个时间点你就不要干了，我们该干嘛干嘛，因为一个好的心态很重要，以后路太长了，成绩也只是生活的一部分。

相旭东：我来谈一下我的看法。第一，这样的情况其实很多见，我做个案分析时经常碰到这样的情况。第二，人的聪明可以表现在很多方面，我想举一个例子，我们家一个亲戚的孩子，数学老不及格，但是从小会照顾弟弟，家务活干得挺好，还会缝缝补补，学书法，写的字蛮好看的，她考个中职校旅宾专业，但书法爱好已经相当出挑了——那个书法老师在暑假里面招新生的时候，让她去带小朋友。职校老师发现这个孩子读书成绩一般，书法、绘画挺好，就把她当个宝贝供着，学生社团里面供着。去年中职校可以直接考高职，民办高职有两种方式，一种你通过考试以后进来读4年就本科了，另外一种你不用考试，你读一年预科班，五年之后也是本科。她说爸妈我考试肯定不行，你们花点钱我读五年好吧？爸妈同意，她就读了幼儿书画这个专业，五年本科毕业。她将来就是搞书画专业的。我们国家已经到了给每一个不同的孩子有机会成才的路径。

另外一个小孩子也一样，到初三了英语数学都不及格，也是个女孩子，妈妈很着急，到我这来咨询，把女儿说得一塌糊涂，什么都不是，不愿意读书，不好好做作业，不肯去读书了。我说这女儿有没有好的地方？有什么好的地方，女儿就坐在我边上，我女儿一起来的，我说怎么没有，你没看见吗，她说啥，长得比你好看，长得漂亮，那漂亮也不能当饭吃，你咋知道不能当饭吃？还有一个只知道弄来吃，什么叫只知道弄来吃，一问，这孩子会做饼干，会做西点，做的跟买的一样，家里面还会做菜，家里五口人她做的菜最好吃，我跟那个妈妈说你还好意思说，女儿才十几岁，做的菜比你好吃，女儿说我不要考高中，我要考职校，我要学烹饪，做点心，我早就查过了，可以去欧洲留学的。

家长可以让孩子避开那个分数，让孩子理解分数只是证明了你记性好不好，你记性不好不是你的责任，是爸的责任，是妈的责任，传给你不好的，你不用内疚。我们读书不好已经给老师添麻烦了，所以我们就谦虚一点，继续再好好跟着老师学，但我们有好的地方，哪个地方好，你去发现它，去发扬它，扬长永远比补短更加重要，孩子需要一个突破口，哪个地方都可以，所以不要过早给他暗示，也不要过早只追求某一个方面，从不同角度看待一个孩子，让他找到我也可以成功的那条路就行了。

家庭教育及其法律责任

李林芳

上海七方律师事务所合伙人、上海市家庭教育研究会会员、上海市徐汇区女律师联谊会公益普法团副秘书长

各位家长朋友，大家好！ 这里是第九届上海市家庭教育高峰讲坛，我是今天的主讲嘉宾，李林芳律师，今天和大家分享的是家校共育语境下，家庭教育与学校教育的均衡发展与相应的法律责任，主要是围绕《家庭教育促进法》来讨论家校共育及其相应的法律责任，包括家庭教育与学校教育的相互关系，以及学校和家长如何保障未成年人的合法权益，其分别应具有

什么样的法律地位和责任等。

随着社会转型和生活节奏的加快，传统家庭的结构和家庭的功能也发生了很大的变化，家庭教育作为未成年人教育的重要环节，其地位日益凸显。但是，由于受制于家庭背景的差异，例如家庭成员的文化程度、家庭成员的代际结构、家庭关系的亲疏状况等，使得家庭教育本身存在的一些问题日益显现，比如监护的缺失、家庭教育的缺位、未成年人受伤害事件等；又比如一些未成年人遭受校园霸凌、遭受到性侵害等；另外一些家长缺乏正确的成才观，重智轻德，导致过度"鸡娃"，还有一些家长混淆学校教育和家庭教育重点，一些家长教育主体意识并不强，导致对孩子生而不养，养而不教，或者是教而不当等。

这些问题，使得家庭教育与学校教育之间产生严重失衡，影响了未成年人的全面、健康发展，甚至侵害了未成年人的合法权益，因此也引起了国家层面和立法机关的重视，《家庭教育促进法》就是在这个背景下出台的。这部法律不仅是我们国家针对家庭教育的首部立法，同时也是对社会普遍关注的未成年人教育有关问题的回应。它的诞生标志着家庭教育从传统家事上升为重要国事，也开启了父母依法带娃的时代，而不能做到依法带娃的家长可能会面临相应的法律责任。

一、《家庭教育促进法》为家校共育提供了法律依据

家校共育，是具有中国特色的教育理念，提倡家校共育是

家庭教育及其
法律责任

为了实现学校教育和家庭教育的有机衔接，构建家校齐抓共管的有效机制。

在我国，《未成年人保护法》《预防未成年人犯罪法》《家庭教育促进法》《教育法》等法律都为家校共育提供了法律依据，规定学校要为家长提供家庭教育的指导和组织、督促家长参加家庭教育活动，尤其是《家庭教育促进法》第四十三条明确规定，中小学校发现未成年学生严重违反校规校纪的，应当及时制止、管教，告知其父母或者其他监护人，并为其父母或者其他监护人提供有针对性的家庭教育指导服务；发现未成年学生有不良行为或者严重不良行为的，按照有关法律规定处理。

这些法律都为家校共育提供了法律基础和法律依据，同时，如果学校或者家长违反了《家庭教育促进法》相关的规定，还应当承担相应的法律责任。 在此，和大家分享一个案例，小红的爸妈曾在2020年协议离婚，双方约定小红由妈妈抚养，后来妈妈再婚，带着小红搬离原住所，小红妈妈因事务繁多，在刚搬出来的两三个星期没有将女儿送去上学。 基于这个原因，爸爸让小红住到了一套空闲的房子，委托保姆单独照护女儿。 小红爸爸想要争取小红的抚养权，因此向法院提起诉讼，请求将女儿的抚养权变更给自己。

综合小红父母在离婚后开庭前抚养小孩的现实情况与表现，法院认为父母双方都存在怠于履行抚养义务和承担监护职责的问题，都对孩子的生理、心理与情感需求多有忽视，鉴于孩子表达出更愿意和其母亲共同生活的主观意愿，也考虑到小红妈妈有表达出将孩子转学，以便照顾的主观意愿，结合小红父母离婚协议书中孩子由小红妈妈抚养的约定，法院认为还应该再给予小红妈妈一次自我纠错、向上向善及积极履行起抚养义务和承担监护职责的机会。因此，法院对小红父母的失职行为依法予以纠正，对其发出《家庭教育令》，裁定要求小红父母多关注女儿的生理、心理状况和情感需求，切实履行监护职责，承担起家庭教育的主体责任。如违反裁定，法院将视情节轻重，予以训诫、罚款、拘留；构成犯罪的，依法追究刑事责任。

这当中有一些法律小知识和大家分享：夫妻离婚，孩子抚养权究竟该归谁？一般来说是不满 2 周岁的子女以母亲直接抚养为原则，满了 2 周岁但是不满 8 周岁的子女，一般是由双方协商，如果协商不成，就由人民法院依据双方的具体情况，按照最有利于未成年人子女的原则判决，这个原则是不改变未成年人子女在父母离婚之前的生活居住现状为佳，平时是谁教育、谁陪伴、父母有没有不良嗜好，或者说有没有一些家暴、遗弃的行为等，法院会依据综合因素判断。

如果子女已经满了 8 周岁，我们这个案例当中孩子是满了 8 周岁的，所以法院和律师当庭征询了孩子的意见，孩子选择了妈妈，因此法院就判决驳回小红爸爸的诉讼请求，抚养权依然归属小红妈妈。

法院为什么会向孩子的家长发出家庭教育令呢？这是因为不管是孩子爸爸还是孩子妈妈，他们都没有很好地履行监护义务和监护职责，尤其是对孩子的生理、心理、情感需求是忽视的。比如孩子爸爸，他没有亲自陪伴教育，而是委托保姆全职看护。对于我们一些离异、分居的家庭，《家庭教育促进法》第二十条就规定了未成年人的父母分居或者离异的，应当相互配合履行家庭教育责任，任何一方不得拒绝或者怠于履行；除法律另有规定外，不得阻碍另一方实施家庭教育。法院依据家庭教育促进法对该未成年人的父母发出家庭教育令，责令其父母相互配合，履行其应有的家庭教育职责，这是对违反家庭教育促进法的行为的警示，也是该法对未成年人的父母或者其他监护人在家庭教育方面提出的更高要求。因此，作为未成年人的父母或者其他监护人，应当负起自己应有的家庭教育责任，"生而不养""养而不教""教而不当"都将受到惩戒。这也是家庭教育促进法出台的应有之义。

二、 家庭教育和学校教育应具有共育关系

家庭教育促进法不仅是针对家庭教育的立法，实际上它系统地统合了学校教育和家庭教育两者相互依存、相互协调、相互配合的共育关系，这是未成年人教育的一个社会系统的有机组成部分。

家庭教育与学校教育有区别也有联系。学校教育大部分是围绕未成年人德、智、体、美、劳展开，重在通过知识性、系统性的课堂内外的教育，培养全面发展的社会主义建设人才。教

师在学校教育中起主导作用，这种主导作用是通过教书育人体现出来的，所以，教师在教书的同时，也要注重思想、品德、人格、情感等方面的培育，也就是说，学校教育不仅要注重知识的灌输，也要注重对未成年人思想、品德、人格、情感等方面的培育，使得未成年人能够健康成长。

未成年人的家长在这个过程中起到什么样的作用？家庭教育与学校教育如何衔接，以达到家校共育的境界呢？根据《家庭教育促进法》第二条，家长要对未成年人的道德品质、身体素质、生活技能、文化修养、行为习惯等方面进行培育、引导和影响。这一条其实也是明确了家庭教育和学校教育相互衔接、相互促进的家校共育要点，即重视德育，也就是以德树人；第四条规定了学校和家长之间的关系，我们的社会、国家、学校应当为家庭教育提供指导、支持和服务，重在协同服务。虽然说学校教育和家庭教育各有各的侧重点，不完全相同，但是，其目标是一致的，都是希望把未成年人培养成一个健康成长的人。

面对家庭教育地位的确立、提高和法治化，一些家长可能开始有点焦虑了，会不会没有好好研读家庭教育促进法就会触碰法律的底线？触碰以后会受到什么样的法律处罚？其实很多父母可能都是第一次为人父母，没有学习过怎么样养育或者培养孩子，在家庭教育中遇到问题该怎么办？

中国青年报社社会调查中心的数据显示，很多家长在这个过程中感到很焦虑，只有3%的家长对家庭教育不感到焦虑，剩

家庭教育及其
法律责任

下97%的家长都在不同程度的焦虑和困惑之中。根据调查，家长中一般困惑的大概有17%，58%是比较困惑，非常困惑的有23%，不知道各位家长，你们有没有这些焦虑和困惑？

例如，在日常生活中，由于家长的宠溺，小孩在家里要什么给什么，养成了孩子以自我为中心，反而使得一些小朋友产生了小偷小摸的习惯，去到亲戚家里或其他人家里，看到什么东西都想得到，都想带回家。如果说你家孩子有这样行为习惯的话，家长有没有采取适当的教育方法，去教育、引导孩子改正这些不良习惯，如果家长没有合适的教育方法，那么该怎么寻求帮助，通过哪些渠道可以解决这类问题？在家庭教育促进法正式发布之前，我看到很多家长是通过网络搜索一些方法，还有家长从一些教育相关的书籍中寻求答案，也有向朋友、同事、老师讨教，并自己摸索着处理，但是在很多情况下这些方法未必有效。在《家庭教育促进法》颁布后，如果家长遇到一些家庭教育方面的难题，就有了相应的渠道去寻求帮助了，例如，可以向我们家庭教育指导机构、家长学校，还有"12355"青少年服务热线求助。同时，在学校里，每天与孩子们朝夕相处的任课老师，除了做好本职工作以外，也要主动出击，去搭建好学校和家庭之间的桥梁，指导、帮助、配合家长更好地提高家庭教育的能力，学习更多的家庭教育的方法。在家庭教育过程中，如果一个孩子身上的错误没有得到正确、及时、有效的纠正，很有可能使孩子小错变大错，甚至走上违法犯罪的道路。

在这里，和大家分享一个非常让人痛惜的案例。小明，是一个非常优秀的男孩子，成绩名列前茅，甚至还获得了全国奥数竞赛的铜奖。后来因为父母关系不和，一直闹离婚，小明就没有心思学习，自己选择辍学去打工，父母也没有对他有过干涉。小明白天打工，晚上熬夜打游戏。很快就变成了一个电竞爱好者。这个时候小明看到了一张海报，他想要去参加海报上描述的电竞活动，但是需要一笔钱，怎么办呢？自己也没有赚多少钱。于是小明就在 2019 年 1 月到 2020 年 3 月期间，一年多的时间里面通过虚报年龄、采用化名的方式，谎称自己是一家公司的老板，在网上以刷单返利为幌子，诱骗了多名被害人在网络上购买一些电子购物卡给自己，获利 30 多万。显然，他犯罪了。我们看到，由于家庭的变故和家庭教育的缺位，使一个本来"品性不坏"的孩子，失足走上了违法犯罪道路，实在令人痛惜，这对每一个家长而言，都是一个家庭教育的警讯。

对于这样一个案子，法院会怎么处理，要不要追究小明的刑事责任？要判几年？在此先给大家分享一个法律小知识。《刑法》第十七条规定，已满十六周岁的人犯罪，应当负刑事责任。而第 266 条规定，骗公私财物，数额较大的，处三年以下有期徒刑、拘役或者管制，并处或者单处罚金；数额巨大或者有其他严重情节的，处三年以上十年以下有期徒刑，并处罚金；数额特别巨大或者有其他特别严重情节的，处十年以上有期徒刑或者无期徒刑，并处罚金或者没收财产。本法另有规定的，依照规定。 就本案而言，如果按照上海的立案标准，1万元就是数额较大，10万元就是数额巨大，50万元就属于数额特别巨大，因此，小明诈骗的金额有30多万元定刑就在3年到10年之间，如果说时间再长一点，也许他能突破50万元，这就有可能至少是10年起刑，后果是非常严重的。 法院经过审理，并委托了社工对小明的成长环境、生活环境进行了一系列的调查，最终以诈骗罪判处小明有期徒刑3年，缓刑3年，并处罚金3万元。

为什么这个案子只判了3年，而且还处以缓刑？ 前面说过小明从小成绩优异，但是父母要离婚的原因，自己就没有好好学习，从而走上了违法犯罪的道路。 这个也是要归责于父母，父母的监护缺失，关心陪伴不够，家庭教育明显缺位，所以才导致小明走上违法犯罪的道路，而且小明是一个未成年人，到案之后能如实陈述他的一些罪行，自愿认罪认罚，他的父母在案发之后也代小明退赔了所有受害人的经济损失，取得了被害人的谅解。 所以说法官经过综合的考量，认为小明已经意识到了自己的错误，也积极反省，认真改过了，所以判处小明3年有期徒刑，缓刑3年。 最后，小明在法官的协调之下回到校园，重新备战高考。

一般来说，针对未成年人犯罪，我国的法律坚持教育感化和挽救方针，主要是以教育为主，惩罚为辅。 所以，如果说我们周围有一些曾经犯过错误的同学，大家不要去歧视和孤立他，因为我们没有办法知道当时他为什么会那么做、他的父母在这个过程中起到什么样的作用。 只要他们能够回到校园正常地学习、生活，那就说明他们已经有了悔过之心，也在努力地改正错误，大家要给他们一些宽容和帮助。 如果说老师知道这些情况，也可以加强与这些学生和家长之间的沟通和联系。 督促学生改正一些不良的习惯。 同时也要注意保密，千万不要把他曾经犯过错的信息告诉其他家长和同学，以免引起一些不必要的误解。

家庭是未成年人赖以成长的重要环境，对未成年人的教育具有不可替代的地位和作用，家庭教育是不是到位、教育方法是不是妥当，直接关系到未成年人今后的成长道路。 那么，什么样的家庭教育方式才是正确的呢？ 实际上《家庭教育促进法》第十七条就明确规定，未成年人的父母或者其他监护人实施家庭教育，应当关注未成年人的生理、心理、智力发展状况，尊重其参与相关家庭事务和发表意见的权利，合理运用以下方式方法：

（一）亲自养育，加强亲子陪伴；

（二）共同参与，发挥父母双方的作用；

（三）相机而教，寓教于日常生活之中；

（四）潜移默化，言传与身教相结合；

（五）严慈相济，关心爱护与严格要求并重；

（六）尊重差异，根据年龄和个性特点进行科学引导；

（七）平等交流，予以尊重、理解和鼓励；

（八）相互促进，父母与子女共同成长；

（九）其他有益于未成年人全面发展、健康成长的方式方法。

就比如说，你要亲自养育。什么叫做亲自养育，前面第一个案例中，做父亲的把孩子委托给保姆全权照看，这个就不符合家庭教育促进法中的亲自养育原则。还有共同参与，很多电视剧上面看到，有一句话叫作"丧偶式育儿"，说明父母其中一方没有共同参与到孩子的养育、陪伴这个过程当中，还有相机而教、潜移默化、严慈相济、尊重差异、平等交流、相互促进等原则，或者是这些方式方法，家长都是可以参考、学习。上海市还出台了《上海市家庭教育指导大纲》，《大纲》由"总体目标与基本原则""分阶段家庭教育指导内容及要求""组织实施与工作保障"三部分组成。其中，"分阶段家庭教育指导内容及要求"部分按照新婚期、备孕期及孕期，儿童不同年龄段，以及特殊儿童、特殊家庭，共分为 8 个部分 72 个专题，针对不同年龄段孩子身心发展特点和规律以及所面临的问题，科学而系统地提出了家庭教育的重点、内容以及该采用什么样的教育方法等，都有详细的阐述。该指导大纲对家长实施家庭教育具有很强的指导性和可操作性，家长可以根据自己家庭和孩子的实际情况，在大纲的指导下，科学而系统地对孩子开展切实而有效的家庭教育。

三、 家长和学校对未成年教育方面应负有的法律责任

接下来我们讨论家长和学校在对未成年人教育方面所应负

有的法律责任。

实际上，关于学校在未成年人教育方面的法律责任，我们在前面已经提到过，第一，按照《家庭教育促进法》第四十三条有关内容，学校针对中小学生发生在学校里的一些违法违纪行为，要及时地制止、管教，并且要及时地告知孩子的父母。如果说孩子有一些不良行为或者严重不良行为，也要按照相关的法律法规进行惩处。第二，《家庭教育促进法》还赋予学校一个重要职能，就是要为家长提供有针对性的家庭教育指导。这是学校作为未成年教育的专业机构所应肩负的一个重要的法律责任，包括将家庭教育指导服务纳入学校的工作计划，并作为教师业务培训的内容。同时学校要采取建立家长学校等方式，针对不同年龄段未成年人的特点，定期组织公益性家庭教育指导服务和实践活动。对于具备条件的中小学校、幼儿园应当在教育行政部门的指导下，为家庭教育指导服务站点开展公益性家庭教育指导服务活动提供支持等。第三，如果学校违反家庭教育促进法的有关规定，可以由主管部门责令进行改正。如果说情节比较严重的话，要对直接主管人员或者是其他直接责任人依法予以处罚。如果是他的行为构成违反治安管理，对他要进行治安管理处罚，如果构成犯罪的要按照刑法追究刑事责任。

这里再跟大家分享一个案例。这个案例是一位小学老师张某某，他在某省的一个小学里担任老师一职期间，性侵了多名女学生，这些女学生都是 14 岁以下的小学生，他把她们带到了自己的宿舍实施了奸淫的行为。其中有一名女孩子在事发之后告诉了自己的父母，父母带着小朋友报案，这个事情才被公众知晓。 这是一个性质非常恶劣的案子，一个为人师表的教师，做出这样禽兽不如的事情，玷污了教师这一崇高职业的神圣性，对于张某某这个行为应该做出什么样的刑罚才能够平民愤呢？ 法院最终判处了张某某死刑。 因为张某某的这一行为，对未成年人的身心健康造成非常严重的损害，严重地践踏了我们的社会伦理道德底线，可谓是性质极其恶劣的行为。 对于这种罪孽极其深重、罪行极其严重的人，我们是一定要严惩的。尤其是对一些侵害未成年人的案件，我们国家的法律或者说司法实践是零容忍的，更要坚决地从严处罚。 试想一下本案当中如果小女孩没有回去告诉爸爸妈妈，这个案子没有被揭发，后果是不堪设想的，一定会有更多的女学生遭受类似的伤害。

根据我们的统计，性侵儿童案件中 90% 是女童，虽然说男童的比率只有 10%，远远低于女童被性侵的比例，但是也同样不可忽视。 实际上性侵男童具有隐秘性，可能比性侵女童更难被发现。 而且前面说的这些数据都是冰山一角，只是有据可查的一部分，还有很多家长就选择不告知，或者孩子们根本就不知道什么叫作性侵，他们也不知道被性侵之后该怎么办。 根据我们之前的数据调查，70% 也就是超 7 成都是熟人作案，包括老师、同学、亲戚、家长的一些朋友，还有一些家庭成员，包括继父、父亲、哥哥，等等。 一些人在这个过程中利用熟人的身份，更容易接近这些受害者，取得受害者的信任，加上双方的力量悬殊，使得性侵案件发生更容易。

我们掌握的资料显示，在性侵儿童案件当中，以7岁到14岁的儿童居多，其中有一个重要原因是因为这些孩子可能没有意识去分辨什么是性侵害，也不知道怎么样去应对性侵害。据调查统计，部分地区有近7成的家长没有对孩子进行过系统的防性侵教育，甚至有近9成的孩子没有上过防性侵课。同时，家长、老师，如果你们在对孩子进行防性侵害教育的时候，需要教育的对象就不仅是女童，男童同样需要被教育，对儿童进行一些防性侵安全知识教育的时候，一定要特别重视针对熟人性侵做一些防范措施，要告诉孩子哪些隐私部位是别人不可以触碰的，如果触碰了一定要立即告诉老师、告诉家长。

根据有关法律，在我们国家性同意年龄是14周岁，这是什么意思呢？就是说如果与14周岁以下的未成年人发生性行为，即使没有采取暴力、胁迫等手段，也会被判处强奸罪，不会按照强制猥亵或者其他罪来处理。如果这个事情很不幸地发生了，怎么办？千万不要因为羞耻感而将存有犯罪嫌疑人的精液还有指纹等证据洗掉甚至是销毁掉，一定要在第一时间拨打110寻求公安的帮助，要保存好证据，最终将罪犯绳之以法。所以各位家长，可以提示大家一点，可以定期地检查小朋友的内裤还有身体私处有无异常，给孩子洗澡、洗内裤的时候留个心眼，注意一下。

下面，我们来了解一下家长在家校共育中的一些法律责任。实际上如果学校发现家长有拒绝或者是怠于履行家庭教育责任，或者非法阻碍其他监护人对未成年人实施家庭教育的，

家庭教育及其
法律责任

我们学校也可以对他们进行批评教育、劝解制止，甚至必要的时候可以督促家长去接受家庭教育指导。公安机关、检察院、法院，他们在案件办理过程中如果发现未成年人存在一些不良行为或者是实施犯罪的行为，或者父母不能正确地实施家庭教育，侵害到未成年人合法权益的时候也可以根据情况对家长予以训诫，并可以责令他们接受家庭教育指导。如果父母对孩子实施家庭暴力或虐待的，就要根据未成年人保护法或者说是反家庭暴力法，追究其刑事责任。

作为家长，应该意识到自己是未成年人教育和保护的第一责任人，不仅要为孩子提供刑事保护，还要提供民事保护，避免未成年子女的合法权益受到侵害。包括一些未成年人斥巨资购买游戏账号，给网络主播打赏等，我们家长能不能要求把这些钱退回来，商家可不可以为未成年人纹身，可不可以向未成年人售卖烟酒等，都和家长的家庭教育责任有关，如果发生类似情况，家长该如何维护未成年人的合法权益呢？我们通过一个案例来和大家讨论。

有一个 15 岁的女孩叫丽丽，她很喜欢玩电子游戏，有一天她在玩游戏的过程中，看到有很多想要的游戏装备，于是她就把她妈妈的手机拿过来购买了 300 多个游戏账号，她就是看中了一些好看的皮肤、面具甚至小裙子等，花了 36 000 多元，后来妈妈在看手机短信的时候，发现自己有一些消费记录，询问丽丽怎么回事，这个时候丽丽告诉妈妈，她买了游戏账号，这个时候妈妈就去向店家主张了，她说这些东西我都不同意了，你把钱全部退给我，这个店家不同意全部退，所以丽丽的妈妈就起诉到了法院，最终法院判决这个网店把 36 000 多元一分不少地退还给丽丽妈妈。为什么法院会这样判决呢？实际上是法院在审理过程中认为，丽丽在案发的时候是一个未成年人，属于限制民事行为能力人，购买游戏账号支付 36 000 多元这样一个行为，显然和丽丽的年龄、智力不相适应，而且她父母明确表示了对该行为不予追认，要求退还。所以丽丽这个购买的行为是无效的，因此判决全额返还。

这其中涉及一些法律常识可以和大家分享。因为本案主要涉及未成年人实施的与年龄、智力状态是否相适应的一些行为，它的效力问题，根据《民法典》的规定，首先，8 周岁以下的小朋友称为无民事行为能力人，他做出的大部分民事行为都是无效的。但是比如说他做出一些与自己的年龄智力状态相适应的行为是有效的，比如说一个 7 岁的小朋友花了 5 块钱买了一支笔，很难说这与其年龄或者是智力的状态不相适应的。比如说原本只要 1 元钱的东西但他却花了 100 元去买，这就很明显是一个与他的智力或者是行为能力不相适应的一个行为。其次，8 到 18 周岁是限制民事行为能力人，但是有一个例外，比如说 16 岁以后就辍学去打工了，处于 16 周岁到 18 周岁之间，如果能够以自己的能力赚钱养活自己，他也可以是完全民事行为能力人，这是特例。一般情况下，8 周岁到 18 周岁都是属于限制民事行为能力人，法院在审理此类案件的时候，一定会判断这些行为是不是和未成年人的年龄相适应。很明显，本案中 15 岁的丽丽花了 36 000 多元购买游戏账号的行为，就是和她现在的年龄和智力不相适应的行为，所以法院判决全额退还。

在这里要提醒广大的家长朋友，作为未成年人的监护人应当对孩子加强引导和监督，并且应当要保管好自己的手机、银行卡及其密码等，防止孩子把自己的银行卡用来绑定并进行大额的支付；如果老师在学校发现孩子有玩电子游戏等不良习惯的，一定要及时与家长联系、沟通，督促孩子改掉这些不良习惯。

再和大家分享一个案例，有一个 13 岁的小朋友东东，多次前往一家美容工作室玩耍。这家美容工作室主要业务是给客人做纹身，东东觉得好像纹身很酷，于是就跟店老板说我想要纹身，这家店老板同意了，于是对东东进行了背部大面积的纹身，并收取了 5 000 元的纹身费。后来学校开学了，妈妈把东东送到学校去，学校在检查身体的时候发现东东背上的纹身，并且告知东东的父母。为了避免对东东将来造成不良影响，东东的父母要求店老板对纹身进行清洗，同时要求赔偿。但是店老板不同意退还，也不同意赔偿，于是东东妈妈就把这个店家起诉到了法院，并且要求赔偿精神损失。最终法院判定这家纹身店退还 5 000 元，并且要求店家支付 3 000 元的精神损失费。

法院在审理过程中认为，东东年仅 13 岁，属于限制性民事行为能力人，以他的年龄、智力状况、社会经验等，是不足以判断纹身这个行为对他的身体和人格利益会带来什么样的损害和影响。而且事后法定代理人又未予追认，还要求商家退款，经营者在这个时候应当退还款项。 另一方面，美容工作室的人也没有准确核实东东的年龄，就为东东进行了大面积的纹身，存在着重大的过错，应当承担相应的侵权赔偿，最终判定美容工作室赔偿 3 000 元的精神抚慰金。

纹身是在人体皮肤上面刻字或者是图案，属于对身体的侵入式的动作，具有易感染、难以复原，容易导致被标签化，对小朋友的成长不利。 给未成年人纹身不仅影响未成年人的身体健康，还可能使未成年人在入学、参军、就业等过程中受到阻碍，从而侵害了未成年人的健康权、发展权、受保护权以及社会参与权等多项权利。 因此提醒广大的美容经营者在提供纹身服务时，一定要对顾客的年龄尽到审慎、注意义务，如果你不知道、不确定他的年龄，要求查看他的身份证，这个是具有唯一可识别性的。

给未成年人纹身要不得，向未成年人出售烟酒更加要不得，如果商家这么做了，一定要承担相应的责任，接下来就和大家分享商家向未成年人出售啤酒，未成年人酒后失足溺水死亡，最终被未成年人家属起诉到法院的案例。

胡天天、张明明和王东东，他们三个人是中学同学。 一天，三个人来到餐厅为同学庆祝 15 岁生日。 胡天天提议说，我们要不然喝个啤酒庆祝吧，另外两个人也同意，结果三个人就喝了一些啤酒。 吃完饭之后胡天天提议说，要不然我们去湖边玩一会吧，于是在湖边泡脚戏水的过程中，天天不慎溺水死亡。 事后，胡天天的妈妈就将餐厅起诉到法院，要求他们赔偿

家庭教育及其
法律责任

死亡赔偿金、丧葬费等损失。法院在审理过程中认为，根据未成年人保护法的规定，禁止向未成年人销售烟酒，本案中餐厅的售酒行为违反了未成年人保护法的规定，由于酒精对人实际上有麻痹作用，饮酒之后导致危险系数增加，所以餐厅的行为和死亡之间是有某种因果关系的，需要承担一定比例的损害赔偿。

四、 家校共育之预防未成年人犯罪

前面，我们探讨了关于如何保护未成年人免受侵犯的问题，但与此同时，我们同样要注意预防未成年人犯罪的问题。学校和家庭对于未成年人犯罪问题要加以特别关注，这也是学校教育和家庭教育中不可忽视的一个环节。接下来和大家分享关于未成年人犯罪的一些数据和案例，希望能够引起大家的重视。

根据最高人民法院发布的数据，未成年人犯罪主要的类型大致是盗窃罪、故意伤害罪、抢劫罪、寻衅滋事罪、强奸、聚众斗殴、毒品类犯罪、交通肇事等，其中比较多的是盗窃罪，占 42%，其次是故意伤害罪和抢劫罪，各占 15% 和 15%。

从犯罪人的性别上来说，大约有 5% 是女性犯罪，95% 都是未成年男性犯罪，从年龄上来说基本上是 14—17 周岁，尤其是以 17 周岁的孩子居多。因此，对于处于这个年龄段的孩子，学校和家长一定要多加关心、多多沟通，这个时期的青少年可能有一些逆反心理，一定要及时注意。

从家庭类型的角度说，留守家庭中未成年人犯罪占比最高，其次有离异家庭，还有流动式家庭、单亲家庭、再婚家庭、孤儿等。因此，如果我们的教育对象是属于以上这几类家庭的，学校和家长一定要相互配合，在他们犯一些小错误的时候就要予以纠正，督促改正。一定不能等小错误变成大错误，甚至让孩子在违法犯罪的道路上越走越远。

我们要介绍的最后一个案例是家长疏于对孩子的管理，最终导致未成年人走上违法犯罪道路的。小明从小随父母生活在县城里面，小明爸爸是技术人员，小明妈妈是公司高管，后来小明妈妈获得了一个升职的机会，被调到了省会城市去工作，父母商量省会城市的教育条件更好、教育资源更丰富，想把小明送到省会城市去生活和学习，于是妈妈就带着小明到了省会城市，爸爸依然在老家工作。小明妈妈因为工作繁忙，很少关心小明的学习、生活，而爸爸也只是偶尔打电话问候一下。由于生活习惯等不同，小明没有办法很好地融入新的生活环境，于是就与社会上的一些闲散青年接触，时常不回家，后来有一次因为是打架斗殴被公安治安处罚。但是这个情况并没有引起小明父母的重视，仍然疏于对小明的教育和管理，使得他最终因与多人打架斗殴，被检察机关以寻衅滋事罪提起了公诉，被判处有期徒刑 1 年 2 个月。检察机关向小明父母签发了家庭教育令，责令他父母要定期接受家庭教育指导。

法院在审理过程中认为，小明的行为的确构成寻衅滋事

家庭教育及其
法律责任

罪，但是这其中也有一些客观原因，即小明是突然转到省会城市学习和生活，而他一时还并不能适应新的环境。在这种情况下，小明的父母因为工作的原因，对小明长时间疏于管理和教育，同时又缺乏正确的家庭教育方式，因此，其父母对小明的犯罪行为负有很大的责任。基于这种情况，法院向父母签发了家庭教育令，经过指导以后，小明的父母学习到了该怎么样与小明相处，怎么样引导他的一些行为，怎么样督促改正小明的不良习惯等。

这些案例涉及的有关情况，实际上或多或少都与家庭教育的缺失有关，这也是导致未成年人犯罪很重要的一些原因，随着家庭教育促进法实施，人民法院在审理未成年人犯罪案件的时候，如果发现监护人怠于履行家庭教育职责，或者不能正确地实施家庭教育，或者有侵害未成年人合法权益的这些情形的，都可以通过发布家庭教育令，引导并责令家长正确履行家庭教育职责，为我们的未成年人健康成长营造一个良好的家庭环境，从源头上预防和消除导致未成年人再次违法犯罪的诱因。因此如果老师发现未成年的学生有严重违反校纪校规，一定要及时地制止和管教，而且一定要告诉他的家人，同时也要为我们家长朋友提供一些必要的、有针对性的家庭教育指导意见，督促学生改正这些不良习惯。

总之，《家庭教育促进法》的出台，给学校和家庭以及社会各方在对未成年人的教育方面提出了更高的要求。有关各方不仅要各司其职、各负其责，更要相互沟通、相互协调、相互配合，共同提高对未成年人的教育水平和能力，共同营造未成年人良好的成长环境。 我们要在全社会，特别是在未成年人家长群体中，大力宣传家庭教育促进法，通过各种途径和形式多样的活动，促使家长牢固建立家庭教育观念，主动接受家庭教育指导，全面掌握家庭教育方法，真正把家庭教育落到实处。

家庭教育及其
法律责任

与美同行

史国忠　王　芳等

史国忠　浦东教育发展研究院家庭教育德研员

王芳　上海社会科学院社会学研究所副研究员，中国家庭教育学会理事、指导委员会委员

万伟　上海协申家庭教育学院副院长，原央视主持人

万伟：美育是一个永恒的主题，自古以来我们用优美的文字描述自然，用琴棋书画来育人心境、启智生慧，少年儿童是国家的未来，民族的希望，他们全面的身心健康发展尤为重要，美育可以开拓视野、提升创造力，尤其对培养心灵美、行为美有着重要的作用。先请青浦区实验中学刘明校长致辞。

致 辞

刘明：在充满生机而美好的时节，我们齐聚一堂，共同探讨家校社协同育人，共同关注孩子的成长、家庭教育的活动。通过美与育的探讨指向如何培养身心健康、人格健全、具有创新精神和实践能力的新时代的高素质人才。

习近平总书记说"家庭是人生的第一所学校，家长是孩子的第一任老师"，要给孩子讲好人生第一课，帮助扣好人生第一颗扣子。家庭教育不仅是传统意义上的家事，与国家、与民族的未来紧密相关。家庭美育是家庭教育的重要内容，家长需要建立一个良好的美育环境，一个讲究美的家庭一定是温馨和谐、拥有美好生活的家庭。家庭赋予孩子美的人生经历，要在自然中、人文环境中、意识熏陶下夯实孩子成长的人生基点，这是孩子的幸运，也是每个家长的责任。

2023 年 1 月，教育部等 13 个部门发布《关于健全学校、家庭、社会协同育人机制的意见》，学校作为教育的主阵地，充分发挥协同育人的主导作用，全面关注学生的健康成长，并协同家庭开展好教育工作。30 多年来我们一贯秉持活动发展的教育理念，以发现美的眼光去以美育人，用一系列实践活动让学生在生命成长中体验美、践行美，学生通过陶艺、管乐、摄影、书法等几十项美育社团学习与体验，长期进行美的熏陶，丰富自己的精神生活，成为更优秀的自己。

与美同行

主持人：下面请家长代表致辞。

家长代表：非常荣幸能够作为家长代表谈一下家庭美育的心得。

第一点，了解美育的概念，美育是心灵和审美的教育，其实质就是以情感化人。首先是做一个善良的人，杨绛先生说过，一个人真正值得炫耀的东西是善良、教养、宽容，是见过世面的涵养，是向阳而生、努力向上，争做一个温暖的人，争做一个不卑不亢、善良的人。

一位邻居老奶奶总是喜欢收集一些瓶子，卖一些钱，补贴家用，我们也总会把家里的饮料瓶、快递纸箱放到属于她自己的小仓库里。看到路边有人为了生活辛辛苦苦地唱歌，我们的孩子也很有爱心地告诉爸爸妈妈，他们很可怜，能否给他们一些零花钱？学校有同学不幸患病，我们的孩子会主动把自己的零花钱拿出来，贡献自己的爱心。尤其是疫情期间，家长主动加入了志愿者的队伍，为大家做了一点力所能及的事情，孩子也都看在了眼里，相信他会明白作为一个善良的人将是多么的美好。

第二点，家庭户外活动，我们会不定期地安排旅游，去享受外面的美食、去看看外面的世界，这期间我们会陪着孩子欣赏美景，探索博物馆里文物的由来，我相信户外游玩总能激发孩子的阅历、提高孩子对生活的热爱。

第三点，培养兴趣爱好，每个小孩都有不同的闪光点，学习之余适当地培养孩子的一些兴趣和爱好是很有必要的。比如美术、舞蹈、音乐，这些艺术课程都会潜移默化地给孩子带来欢乐，孩子闲暇之余会时不时画一幅属于自己的画，舞蹈课的经历让他多了一份自信和优美，音乐的柔美总是让孩子彻底地放松投入，我相信这些兴趣的培养、这些经历肯定会对孩子的成长大有帮助。

正如林清玄所言，心美一切皆美，情深万象皆深，爱美则有情，我们要做的就是让孩子要做一个热爱生活、有情感、有温度的人。

作为家长我的分享就到这里，谢谢大家。

育见未来

主持人：向阳而生努力向上，做一个温暖的人，心美一切皆美。 非常感谢家长代表的精彩分享，他的做法非常实用，对其他家长也有很好的启发。 接下来进入讲坛环节。 第一位出场的演讲嘉宾是王芳博士。 她为我们分享的主题是"育见未来，社会时空中的儿童与发展"。

王芳：各位老师，各位领导、各位家长、各位同学，大家下午好。 我主要从社会学和教育学的角度谈我个人的一点见解。

这么多年家长在家庭教育上特别焦虑。 家长对未来有很多美好的期待，希望自己事业有成，希望拥有很多财富。 但是作为一个家长心底对未来最大的期待、最美好的愿望，是渴望自己的孩子能够超越自己，渴望自己的孩子过得比自己好。你们有没有这样的愿望？这个愿望能不能达到？今天我想从社会学和教育学的角度分享。

不光是你们，每个家长都是这样想的，亘古以来就是如此。《触龙说赵太后》就说"父母之爱子，则为之计深远"，所以为了女儿好，不惜将女儿远嫁。孟母三迁是为了给孩子找一个好的学区、给孩子找好的同伴。他们的行为和现在大家选学区房、不惜代价地培养孩子，对孩子的期待上没有什么改变。在这样一个美好的期待之下，我们的孩子是不是过得比我们好？我以生命历程理论跟大家分享我的观点。

影响儿童未来发展的因素是什么？现在比较流行是用生命历程理论这一跨学科的理论，来解释各种因素如何影响未来人的发展。生命历程理论把生命历程理解为，生命由很多的关键事件和关键点组成，同样的一组生命事件排序不同，对人生的影响也不同。按照生命历程的理论，个体的生命历程被看作是更大的社会力量和社会结构的产物，社会的变迁对个人有显著的影响。在座的每一个家长可以感受到，生活的提升，影响个体的生活。对此有一个形象的比喻，当大家站在一个往上走的自动扶梯上，不往上走都难。

生命历程理论有四个要点：第一点，"一定时空中的生活"原理。是说一个人在哪一年、在什么地方出生，属于哪一个年龄群体，其人生际遇是不一样的。在 20 世纪，出生在农村和城市中的儿童，发展条件完全不一样，很多农村户口的孩子努力学习的目标，很大程度是跳出"农门"。 虽然现在落户已不那么严，但是因为生活空间不一样，引起的一些教育差异、发展机会的差别并没有消失，现在有很多关于"留守儿童"、"小镇青年"的研究说的就是这个道理。 包括报纸上、媒体上讨论，很多年轻人逃离北上广回到家乡，现在又有一个回流，其实还是看重社会的空间对一个人发展的作用。 人的生活是一定空间中的生活。

第二点，"相互联系的生活"原理。 人的本质是社会关系的总和，我们摆脱不了社会关系。 我们总是生活在亲友、同事等构成的社会关系之中，个人是通过一定的社会关系整合到特定的群体，注定要受到别人生命历程中发生的生活事件的影响，所以我们现在很多家长对原生家庭的话题感兴趣。 因为家长生命当中经历的一些事件，影响到现在如何对待孩子的教育。 我想提醒的是，父母的个人经历很可能影响到你的教育期望，尤其是有些人自己有一些心理创伤，很可能把自己的创伤投射到孩子的身上。 家庭教育的投射还有一方面的意思，一些家长把自己的特点归到孩子身上，总以为孩子也会具备跟自己同样的特点，甚至把自己的意志强加给孩子。 因为我们的生活是有联系的生活，家长的生命历程可能是影响孩子发展很重要的因素。

第三点，"生活的时间性"原理。 一个人在成长发展过程中一些关键事件的影响，比如说升学、就业、亲人的生病等事件，都会给个体的发展带来一些影响，也可能提供一些机会。

与美同行

这些事情的发生很可能会促使孩子价值观、行为模式的改变。所以生活的时间性是说，在生命历程中发生的社会性事件，这个事情在什么时候发生，时间比事件本身更重要。这一点就解释了孩子的青春期为什么比较重要。因为这个阶段孩子特别愿意对自己的成长进行反思，要寻找生命的意义。所以在寻找意义的过程当中，如果家长沟通不够，很可能会出现隔阂。家长会觉得青春期的孩子比较叛逆，很可能因为我们还没有很好地理解到他，没有走到他的内心。

第四点，作为一个社会的人，家长对孩子的期望、家长在家庭教育中的理念、态度、教育行为，摆脱不了家长本人的年龄效应、世代效应、时期效应这三个效应的影响。但这是不是说我们家长就无所作为？不是。还有一个重要的原理，就是"个人的能动性"。

人在社会中生活，受到很多社会因素的影响和制约，但是所有人还有主动选择的权利，这就是个人的能动性。我们看到，即使处在同一个时代、同一个地域、同一个家庭中，父母对每个孩子的教育方式差不多，兄弟姐妹的发展路径也可能有很大差异。

在个人能动性方面，我跟大家分享一个故事，最近去一个中部的山区进行调研，跟我同行的一个女生，是在山村长大的，现在上海工作。她当年在家乡从来没有出过县城，她的梦想是有一天能到上海看海，因为那是一个山区，她从来没有见过海。但是她学习成绩又不好，不过她很喜欢艺术，通过学习艺术、走艺考之路，在第二年高考时总算过线了。 按照她的成绩可以在当地选择一所本科院校，但是她说我一定要到上海，选择了上海的一个工艺美术学校，学习珠宝设计。 她选择的过程也非常纠结，因为她的父母希望她能够上一个本科院校，将来能够考公、做老师。 她选择了自己喜欢的事情，在工艺美术学校，通过设计首饰拿到创业大赛的奖，现在做得非常成功。

在 10 年之前她的父母恐怕预料不到孩子能走上创业的道路。 假设她当时听从了父母的建议，我相信她走的路、取得的成就和她现在所取得的成就是截然不同的。 现在她有很多粉丝，运营自媒体，给很多城市代言，是一个成功的职业女性，因为她坚持了自己的想法，她的主动性就发挥得非常好。

我想问，如果你是她的家长，会支持她吗？ 能预料到她现在取得的成就吗？ 所以很多时候需要给孩子主动性。 对于未来，家长能控制的因素到底有多少？ 现在家长能做的到底是什么呢？

我的建议是，未来孩子的发展，孩子能否做到比我们好，真的需要天时地利人和。 当把一个个体的成长放在比较大的背景中分析时，家长可以意识到，很多的因素是我们无法改变的，我们应该把自己的精力用在可以改变的方面。 而不是把压力层层加码，给孩子成长特别繁重的压力，甚至责怪孩子。

我们现在非常幸运，生活在一个社会安稳、经济繁荣、科技便利的时代。 其实每个人都摆脱不了社会性、历史性的制约因素。 未来到底是什么样？ 不知道。 有社会学家比如帕特南

与美同行

在《我们的孩子》中，比较了美国现在这一代和之前他们父母一代，他得出的研究结论是，现在的美国年轻人想要达到父母那一代的生活水平和教育水平非常难，因为阶层固化、社会流动停滞等原因。这也从另一方面说明整个社会环境对个人发展是有制约作用的。

家长应该意识到我们也是这个时代的小人物，摆脱不了历史和社会性的因素对我们的影响。所以我的建议是家长应从大处着眼，能够从反思自己的生命历程入手，理解孩子当下的社会环境和自己的不同，关心孩子正在经历的一些关键的事件，成长的关键时期，尊重孩子的选择。

为什么要特别尊重孩子的选择？大家会看到很多的报告，很多的研究者也提出来，说现在的孩子有空心病。专家观察到，很多孩子从小到大处于一种被动的发展状态，家长让我干什么，我就干什么，他的学习是为了家长。等到他考上大学以后觉得我的任务就完成了，找不到方向了，不知道自己该怎么发展，找不到生命的意义，有些人因此罹患一些心理疾病。所以我特别建议家长要意识到给孩子主动选择的重要性。对于家长来说，也可以有主动选择的机会，即使是身处"鸡娃"的环境中，你还是可以自主地选择个人的教育方式。

我最后一个建议，智慧的家长应该去接受自己不能够改变的，要改变自己能够改变的，而且要学会去分辨两者的区别，与自己和解。

主持人：感谢王芳老师的精彩发言，王芳老师给出了一个非常实用的建议，那就是希望各位家长把自己的关注点多用在能够改变的事情上。把自己的梦想强加在孩子身上，把太多的压力加到他们身上，让他们承担生命不能承受之重。希望我们每一位家长都深思。

第二位嘉宾史国忠老师，他是一位资深的家庭教育研究者，常年在学校第一线进行家庭教育指导，他分享的主题是傅雷对子女的艺术人格教育的故事，以及家庭教育的启示。

内化于心

我赞成每一个人无论是我们的孩子还是家长，都应该善于将理想的"我"与现实的"我"进行对话。理想的"我"到底是怎样的？我们的心指向哪里？我们要对这个"知"有新观念。

首先，知，现在国际社会对社会这个情感能力特别注重，情绪力、社交力、共情力、坚毅力、创造力。每个人都希望孩子成才，最关键的除了天赋和机遇外还有坚毅，首先我热爱这件事情，我抱之以热爱、专注、坚持不懈地去做。就像我们学校有合唱队、管乐队、陶艺，这些坚持做下去，对培养孩子的坚毅是极其有利的，孩子的人格将发生变化。巴尔扎克的小说《高老头》，傅雷翻译过3次，抗日战争翻译过一次，50年代重新再翻译，到60年代又翻译。那个时间翻译可不像现在有电脑，全是用手写，几十万字，没有坚毅的品质是做不到的。所以家长一定要让自己的孩子在社会情感能力上好好培养坚毅力，这是你孩子成长成才非常重要的心理学依据。

其次，信，要信什么？要信文化。傅雷成长为傅雷，跟传统文化有关系，所以要善于从传统文化中汲取养料，比如庖丁解牛，庖丁杀牛时整个动作非常潇洒，就像一段音乐，富有节奏，为什么能够杀得这么好呢？是因为他倡导的是"臣之所好者，道也，近乎技矣"，首先是道，而不是技。我们爱好的是道理、学问、科学，正如亲子关系沟通上要讲究科学，要满足小孩的自主性，孩子成才依据坚毅力去培养这叫科学，要按科学去做，技巧是次要的。关于"技"的问题可以参照《家庭教育促进法》第 17 条里面开列的 8 条具体的"技"，其中我非常赞成的是要"向机而教"，教育小孩不要空洞地讲道理，把道理容纳到自己的生活中。

第三，化，科学的种子在自己的内心要产生作用需要有"化"，有一个词叫文化，文化拆开讲就是将"文"化为自己的内心，内化于心。化为内心以后还要表达到形上去，叫外化于形。傅雷指导他的儿子傅聪弹莫扎特的一首曲子，莫扎特的整个风格是清新、可爱。可是傅聪怎么弹都弹不出来。傅雷指导他，先感性认识，然后是理性认识，但是还不够，他提出一个见解，需要用心灵去体会，才能使原作者的悲欢喜怒化为自己的悲欢喜怒，使原作者每一根神经的震颤都在你的神经上引起反响。他的喜怒哀乐都变成你的喜怒哀乐，你真正走进了他，这是非常重要的。所以我倡导的是科学理论知识，相信传统文化对科学理论现实的演绎，最后落实在行动上，需要"化"它、充分地理解它。

归纳一下，我们讲"育心"，就是讲究科学，把科学的种子播撒在我们家庭文化中。善于从传统文化中汲取养料，使其能够孕育、开花、结果。同时我们要善于把身边人的行为成为你的楷模，比如傅雷，傅雷是家庭教育的经典，这样既有种子又有文化，还有你的目标。三者统一就是知情意行的统一，就是知行合一。

最后我非常赞成：我们育心要像夸父追日一样，永远去追、永远在路上。就像我在学校看到一个标语"这个过程是幸福的"，我们育心的过程就是幸福的人生。

对美育的理解

万伟：感谢史老师的精彩分享，非常认同史老师的观点，绽放天赋才华的根源，是他无论对艺术、体育还是某一门功课的热爱，只有热爱才能让他持续不懈地努力，提升他的专注力，才能最终成为他该成为的那个人，也就是成就他自己。如何看待美育对孩子一生的影响，两位老师继续展开深度的交流和沟通。我们谈到美育，我对美育有三层理解，第一层是表象的美，《说文解字》里说到，"美，甘也，而五味之美皆曰甘"，引申之，凡好皆谓之美，像流动的云、浮面的风、美好的大自然、艺术、绘画、音乐，等等，甚至生活中的很多画面都是非常美的。 那么家庭教育对美育的第一个层次，也就是说美商的培养，请史老师回答一下，您觉得应该如何认知美，从而引导孩子去发现生活中的美。

史国忠：任何物件包括生活，最终呈现应该是一种美，我时常观察一个现象，哪怕是洗碗，这个碗如果按程序一个个洗下来，到最后收拾完后干干净净，台面很清洁、摆放得很有序，这种美的呈现是美，而这一定给人带来美感，而美感的背后应该包括从事这项事情的人，对这个过程、对这个事情的程序性安排、自我控制。 事先看看把这个碗洗好周边有哪些可以利用的资源比如洗洁精，最后放到怎样的状态是有美感的。 所以这件事从观察自己，所占有的资源，到最后美的呈现，这就是一种修养，但最终应该是美的呈现，应该给人带来美感。

万伟：其实我觉得美这个东西的引导非常重要。 比如有时忙碌的学习没有注意到身边的美，作为家长如果是在生活当中比方周末带他出去玩、看到大自然、呼吸新鲜的空气，引导他去看到大自然的美，这是非常重要的。 因为发现的眼睛需要一定的引导。

史国忠：罗丹说过一句话，这个世界上不缺少美，而是缺少发现美的眼睛。 在我们内心如果有美的感觉，可能做家务都能找到美。 我之所以举洗碗的例子，就是告诉我们在家庭生活中、在烟火气中都有美，何况艺术美、自然美。

万伟：太好了。 美育的第二个层次是德性的美丽，对于《说文解字》里说，美与善皆同义，《正韵》说"凡言德者，善美，正大，光明。"也就是说美与德行是互为表里，美育的目标就是培养有德之人，美育的培养，傅雷培养出了音乐家傅聪，而西安音乐学院的药家鑫同样也是学音乐的孩子，却成了杀人犯，请问两位老师从中得到的教训是什么，如何引导孩子向善和向美靠近。

王芳：这个问题非常尖锐，说到美，在人的培养目标上，一直在说一个完善的人格，是真善美的统一，所以真、善、美有一个递进的关系。 必然王国到自由王国，涉及的感官是不一样的，我们求真是知的方面，求美是心的方面，用心来感受。但是我们求善是行，是知行情，统一的，最后还是落实到行动上。 药家鑫也是学音乐的，懂得美，但是没有落实到具体的行动上，他的行为出现了问题。 我个人是这样理解的。

史国忠：我补充一下，这两个孩子都学音乐，但是最终走向不一样，我觉得每个人的行为有层次性，如果我们的修为仅仅局限在感官，比如说我吃喝玩乐，仅仅在这个层次上，有可能把音乐学院本科学习当作一个工具、一个手段，这是最浅的层次。但是如果像傅雷那样一直引导傅聪学问第一、人格第一，艺术第一，傅雷甚至讲爱情都不能放在第一位。所以高雅、高贵是家长应该追求的目标，如此就可以避免像刚才讲的西安音乐学院这种悲剧，这种悲剧出现以后对他个人、对家庭都带来毁灭性的打击。

万伟：第三个层次就是美育的实践之美，作为家长和老师多鼓励他们去参加实践，劳动、运动、创造，等等，这样遇到问题时都让他去学会智慧地处理，就不会有这些悲剧发生。论语说"君子成人之美，不成人之恶"，家长是孩子的第一责任人，如何从孩子的特质出发，成全他的美，非常重要。我想请问一下，家长在培养孩子的时候，如何智慧地把坚持和放手应用好。

史国忠：这个种子真的非常重要，引导和梳理对孩子的一生都非常重要，请问两位老师，在目前的大环境下，从美育的传承和变迁来看，美育未来的发展方向是怎样的？会有什么样的转变？或者更好的提升？

王芳：特别好的问题，美育对孩子的发展有特别好的作用，不管在学校教育还是家庭教育中都是讲五育并举，其中很重要的一块是美育。五育是一个互相促进、互相联系的过程。

如何理解美育的促进作用？ 通过艺术素养的培养，可以培养孩子学习迁移的能力。 现在很多家长给孩子选很多的辅导班，有的弹琴、有的画画、有的上体育课，当孩子上这方面的兴趣班时，因为有兴趣所以就比较投入。 举个例子，比如比较调皮捣蛋的孩子，在课堂上比较好动，知识性的学习会受影响，因为注意力不够集中。 这样的孩子在运动场上进行体育锻炼、学着踢球时，和他的团队合作，让这个球进球门，这本身就是学习的一种策略，而且在体育活动中赢得了自信，他对自己的能力、信心和学习的技巧，会回过头来影响文化课的学习，学习状态会发生很大的变化。 我们现在的同学有很多学习绘画之类的艺术课程，作用是一样的，有些人在文化学习中不一定那么出类拔萃，甚至对学习失去了信心。 但是这样的孩子给他机会，给他进行文体课程的训练，当他找到自己的兴趣点，能发挥优势，他的学习的能力会有很大的提升。

万伟：是的，孩子绽放天赋才华最核心的就是热爱。 他对这个事物非常的喜欢，是他喜欢，不是你喜欢，不是家长也不是老师，真的作为家长和老师，去引导和发现，可以通过各种摸索和实践去丰富才华也是非常重要的环节。

人工智能下的家教

于　海　沈祖芸等

于海　复旦大学社会发展与公共政策学院教授，博士生导师

沈祖芸　新学校研究会副会长，上海新优质学校研究所副所长

杨雄　上海市家庭教育研究会首席专家，上海社会科学院社会学研究所二级研究员

主持人：欢迎大家来到 2023 年第十届上海市家庭教育高峰讲坛。今天将围绕人工智能背景下的家庭教育这个话题展开。

现在有一种说法，随着 ChatGPT 等人工智能的出现，第四次工业革命的浪潮已经来临，科学家认为 21 世纪的进步将是 20 世纪的 1 000 倍。全球知名咨询公司麦肯锡针对美国、德国、日本、德国、法国等 8 个国家最新研究表明，不到 2030 年这些国家将有超过 1 亿人失去工作机会。 人工智能带来的产业革命将是前所未有的，带给我们的冲击也是前所未有的。

党的二十大报告指出，教育、科技、人才是全面建设社会主义现代化国家的基础性战略性支撑，要大力推进教育信息化，重视人工智能对教育的深刻影响。 国务院在新一代人工智能发展规划中明确了人工智能将成为国际竞争的新焦点，要在中小学开设人工智能相关课程，并且逐步推广编程教育。

影响和挑战

人工智能已经悄然改变着孩子的学习，当然在相当大程度上，也改变着家长和孩子的亲子关系，同样也影响着每个人的思维方式、人际关系、职业结构、知识规划，等等。 在人工智能时代之下，家长该给孩子怎样的教育，该如何帮助孩子预备好不可替代的能力？ 今天邀请到三位嘉宾来探讨这一话题，他们是复旦大学社会发展与公共政策学院教授于海，中国学校教育战略咨询专家、新学校研究会副会长沈祖芸，上海社科院社会学研究所研究员、上海家庭教育研究会首席专家杨雄，欢迎三位嘉宾来到台上。

今天我们讲的是人工智能对于家庭教育的影响，凡事有利必有弊，请三位先简单说说人工智能对于家庭教育好的影响在哪些方面，带来的挑战又会是什么？

沈祖芸：人工智能对于家庭来说，它的本质能够让我们知道人之所以为人。今天的时代，人工智能背景下，教育系统的人在一起聊天，最担心的就是 12 年以后，我们培养出来的孩子也许还不如人工智能、机器人。这对于我们是一个很大的挑战，今天为什么要有人工智能技术的引领，就是人更成为人，人之为人，回到教育的本质，对于家庭教育来说，应该更注重对于一个孩子不可以成为他自己的那种可能性的支持和成长。

这几年，我一直在想的问题，人工智能时代会出现一系列挑战，但是家庭最需要做的就是和孩子站在一起，去解决问题，接受挑战，而不是和问题、挑战一起去打败孩子。这是现在我遇到的最大误区，所有的家庭几乎都是和问题站在一起打败孩子，我们很少和孩子站在一起打败问题，但是人工智能会让我们反思，会去思考我们如何和孩子一起应对挑战，打败问题。

主持人：您能举个例子吗？什么情况下是和问题站在一起打败孩子，什么情况下是和孩子站在一起打败问题？

沈祖芸：比如小学和幼儿园要求集体午休这件事情，很多家校因为集体午休而产生矛盾。我们知道，幼儿园和小学一年级的孩子，他的屁股是和地球引力做斗争的，天性就是要去玩耍，要到户外的。现在集体午休要求孩子在规定的时间里集体趴下，我遇到很多学校全校把窗帘一拉，播放催眠曲。那些调皮捣蛋的孩子经常和老师产生冲突，冲突以后，老师就把家长叫到学校来。 因为学校里要这样考评老师的，不遵守纪律的孩子有多少个，老师脸上挂不住，就把家长叫来批评孩子。 这就是典型的和问题站在一起，集体打败孩子。

孩子的天性是什么？ 他的天性是到户外、是奔跑，这样一来，不断产生家庭的亲子冲突，回过来在学校又产生严重的师生冲突，一点点恶性循环，就造成孩子的心理问题。 长期以来，成年人往往都是和问题站在一起打败孩子，这违背了孩子的身心成长规律。

在人工智能时代，我们更加需要回到孩子天性本身，尊重孩子本身的成长规律。 有些问题成长中会自然消失，有些问题要和平相处，剩下的问题在他关键敏感期的成长过程中，才需要管理的。 不是一棍子把他打死，人工智能给我们带来警醒，很多问题我们需要回到孩子天性本身帮助他们成长，非常重要。

主持人：人工智能是一种技术，重要的是透过技术看到孩子本真的东西是什么，帮助孩子健康成长。 于老师觉得呢？

于海：今天听到这个话题，我第一个想法就是，因为人工智能带来的是一场革命性的变革，我今天讲或者我今天写的稿子到明天是不是有些东西还成立？ 不知道。 我 4 月底完成了《文化艺术研究》人工智能专辑上一篇论文，这篇东西很可能到了 6 月某些观点会过时，所以只能讨论一些非知识性的问题和由人工智能带来的哲学问题。

在人工智能时代，今天的家长要做什么功课？因为大家最恐慌人工智能的就是它什么时候让我失业，这已经不是危言耸听的说法，这是绝对的。希望大家自己去做功课，去看哪些东西很快就会被取代？这样你对自己的孩子可以有个预估，在哪方面再用力会不会白费力？

第二个，有没有免疫于人工智能的？一定有。人工智能现在还侵入不到的或者未来很长一段时间代替不了的，就是刚才沈老师所说的，回归本身，回归人性。什么是人性中坚如磐石的东西，是人工智能对它没有办法的？两个方面的人肯定免疫，一个是在顶部的人才肯定免疫。一个是在底部的面对面的服务者。原本光鲜的中产，可能就悬了，因为大部分白领的文字处理工作几乎都能被人工智能所取代。

顶部人才在任何时代、任何社会都是少数，家长不能总走顶部的道路，结果把孩子逼得无路可走，我们自己不是顶部，总让孩子做顶部，是否现实？孩子能做一个正常的、有善意的、能够养活自己的普通人，我觉得是很大的成就了。ChatGPT无法替代的普通人生，仍然可以给我们带来安慰和价值。我们就要讨论，我们特别要讨论这个问题，回到孩子本真的东西，这才是我们真正的拯救之道，才是我们应该努力的，所有的家长都可以努力。

杨雄：前几个月我专门研究了 OpenAI 的 ChatGPT 3.0，大概研究了一个月，天天和它对话，天天提怪问题，看它怎么回应我。

我第一个观点，我们要拥抱新技术，否则就变成落后者了，ChatGPT 来了，有些人不接触它，还是恐惧它的。像当时蒸汽机的发明，英国人讨论要不要用，一代代过来，ChatGPT 肯定要在很大程度上替代普通的工作，我们要拥抱它。我没有上过 4.0、5.0，据说 5.0 更厉害，5.0 版本速度和人脑比较可能已经超过了，人脑大概就是 200 万亿次的计算速度，它已经超过了人类，可能还会有自我意识，那是蛮可怕的。

有些专家包括马斯克都担心，我们要看看万一超过人类，不能控制比较麻烦，但是也不用那么害怕，我周边很多科学家和研究者已经开始使用 ChatGPT 作为助教了，包括搜寻资料、整理表格，他们已经在实际运用了。人工统计很费时，ChatGPT 几秒钟就可以完成，如果深入日常工作，很多岗位确实有可能要被替代，不过有思想的人替代不了，因为 GPT 都不知道他下一秒在考虑什么。我的态度是积极拥抱，但是生涯规划还是要有策略的，希望每个人成为独特的自我，希望个人不被 ChatGPT 替代，我们努力。

主持人：成为一个独特的自我，很重要的就是在孩子成长过程中回归本真，形成自身独特的价值，别人无法替代，让孩子更多去思考自己对于世界的认识，对于周遭事物的认识，越模式化、程式化的东西，可能越会被人工智能迅速替代。

于海：刚才讲到 ChatGPT 到底能在哪里？ 本事在哪里？你了解了这个以后，才能看清楚大的趋势。 刚才讲到关于价值观的问题，将来这都不是问题。 事实上，人工智能有一个环节叫价值对齐，这件事都是人工在做。 设计者把这个社会里认为有毒的语言、仇恨的语言、政治不正确的语言，通过人工标签的方式训练大语言模型，让它学习了以后，看到这样的东西，是不能作为机器回答内容的一部分。

70 年前，自动化的一位鼻祖叫维纳，写了一本《人有人的用处》。 他讲到的情况今天我们已经遇到了，他很早就讲到关于价值的问题，当时他不担心机器比人聪明，他担心人变成机器，最后人像机器一样失去了价值和心灵。 今天我们遇到的问题是，机器在知识方面超过了我们，它胡言乱语的能力也超过了我们，我们特别提出了价值对齐的问题，这需要家长做一点功课。

第二点，我要和家长一块分享的是，今天的人工智能实际上强在哪里？ 原来自动化基本是在流水线上，今天的人工智能厉害的是在文字、信息和知识。 它要取代那些以文字为生的大量的白领和中产，这是一个革命。 大家特别要注意，今天家长都希望孩子即使到不了顶部，至少是一个不错的白领，是个中产。

这次的人工智能打击的就是一些一般能力的中产阶层。 写文案写不过它，画图画不过它，编程编不过它，对不对？ 原来我们认为中产会越来越大，按照社会学家的观点，这个社会将会变成一个橄榄型的社会，顶部的人越来越少，这次 ChatGPT 就是要消灭中产。 大家注意到了吗？

从某种意义上来说，孩子不要太中规中矩，中规中矩就是容易被比你更加中规中矩的机器替代。 大家注意，白领现在是最危险的人群，大家都自以为是，在座的各位也是中产家长，都认为自己了不起。 我现在给大家一盆冷水和一个大棒，我们真的没那么了不起，知道吗？ 我们真的很容易被替代，尤其是在识文断字方面，很容易被替代。 在信息方面、在文字方面很容易被替代，这就是我给大家的警示之言，让我们要重新认识自己。

沈祖芸：我也很赞成于教授的想法。 刚才我说了人工智能时代充分暴露的一个误区就是人回归到人的时候，越来越多的问题呈现。 所有人的逻辑都是一样的，就是和问题站在一起去打败孩子，我们从来没有思考过，孩子不是成人，孩子是成长中的人。 他在成长中，一定会遇到问题，是需要我们帮助的人。 人工智能时代，它越来越厉害，一般的工作可以被替代，但是孩子如何成为独一无二的人？ 暴露出我们始终和问题站在一起打败孩子，于是那个真实的孩子没有了，这是第一个误区。

第二个误区，我们始终需要知道，孩子永远不会成为我们要求的那样。 他只会成为我们的样子，我每一次跟家长说，孩子的这个不行，那个不行，一定是你和家庭里的影子。 孩子一定不会成为你期盼、要求他的样子，一定会成为你的样子。 当我们把自己提升起来，可能对孩子的影响才是非常大的。

第三个误区，我们需要去重新定义梦想，现在遇到大量家长跟我说，我的孩子今天要当科学家，明天要干厨师，后天要干什么？ 我跟家长说了一句，孩子的梦想不是用来实现的，而是让每一个今天变得有意义。 每一个梦想是陪他走一段，因为他今天突然看了一部电影觉得要当宇航员，我遇到一个很好的家长，就把孩子卧室里所有的开关都变成了美国国家航空航天局的 Logo，过一段时间孩子又想当厨师了，就陪他一起去和厨师访谈。 梦想一定会变，梦想不是用来实现的，而是让他每一天变得有意义，陪他走一段，走完一段，又切换到下一个梦想，再陪他走一段。 我们每个孩子要有自己的想法，要成为他自己，要有他慢慢形成、渐渐成熟的价值观，我们不能扼杀他任何想法。

我遇到太多的家长说，我的孩子又变了，这个孩子总是没有定性，今天要当舞蹈家，明天要干嘛，他有梦想是好事，因为未来的一代是意义缺失的一代，所有今天的学习为了什么？不知道，因为要考试。 但是他还留有梦想，知道今天我为了这个梦想走了一段，这是特别有意义，不容易的，这是非常重要的。

在这个前提下，人工智能时代，当我们暴露出这三个误区的时候，和问题站在一起打败孩子，我们总是要求孩子成为我们期待的样子，但是往往忽略了孩子永远要成为自己的样子。

梦想是陪他走一段，让每一天变得有意义。

当我们暴露出这三个误区以后，我个人觉得，我们并不希望每一个家长成为教育家，成为教育家以后才能进行家庭教育。我们每个人都知道，教育学首先是关系学。关系好了，教育才会发生，关系不好，你的教育没有开始，就已经结束了。

我最近写的一篇文章就是学校里80%的家校矛盾，都是师生关系的问题。师生关系怎么去润滑？对于家长来说，孩子可以今天分数低一点，明天分数高一点，没有关系，他今天可以不如其他人，但是家长做的首要的事情，在人工智能时代，更需要去重新定义一种关系。

家长一定要做的是润滑学校里的师生关系，到老师面前说一说，我孩子在家里特别佩服你，老师这个方式特别好，回来跟孩子说，老师今天说了你一个事情，他觉得你特别好。你始终润滑师生的关系，传递赞美。你看第二天，孩子到学校里面就完全不一样了。不要当着孩子的面去说老师的坏话，这个老师长得真丑，这个老师真不会搭配衣服，这个老师真凶。我们能不能不在家里说老师的问题？开了家长会，老师说了孩子的问题以后，你把它忍一忍。回到家以后，仍然说学校里你的表现很好，你得到了某个老师的肯定。你再看第二天，他乐呵呵地去学校，老师因为家长的润滑作用，更关注到你的孩子，孩子回到家也不那么紧张，原来爸爸妈妈开完家长会以后，一直说老师说自己好。

以前工业时代我们的逻辑只要看到拿出结果，得了多少分。今天这个时代，他看不到意义，看不到今天我得高分有啥，甚至已经有孩子学会了用人工智能做作业、回答问题。现在不都在做任务式学习，也不需要家长很多心力，你给我一台电脑，我刷刷人工智能，就可以帮我解决很多问题。

但是关系的构建没有人干，就是靠彼此之间的信任、交流、沟通，这个就是于老师所说的，未来50年至少不会被替代的人的情感传递，人的沟通能力，人的关系构建，人的社会性的层面。这些东西都是值得我们去反思思考的，特别重要。

主持人：沈老师刚刚三个误区中又讲了两个，您刚才讲到梦想是陪着孩子不断成长的过程。梦想也不可能一直变，家长可能有一个疑问，3岁、4岁，7岁、8岁梦想一直变没有问题，等到了多大梦想还在变，是不是意味着孩子真的心不定，有没有某个阶段需要这种情况变化的？

沈祖芸：按照孩子成长规律，小学阶段尤其是中低年级的时候，他是各种各样的梦想试错发散的年龄，这时候也是他优势潜能的探测期。尤其三四年级之前，家长可以带孩子多接触一些艺术、体育，和他每次交谈，通过多看一些他感兴趣的东西，从绘本到历险记，一点点上去之后，他的梦想会切换，或者说转换。到了高年级和初中的时候，我们会建议有意识给他建立一些职业体验的连接，这绝对不是外挂一些东西，甚至我们现在可以做的就是和你的学习内容相勾连。 比如初一末和初二上的时候，大量文本篇目是小人物，这些小人物有厨师，等等。 我们建议在暑期的时候，你可以让他跟快递小哥聊一聊，吃饭时跟厨师聊一聊，去看展览和解说员聊一聊，你可以抓捕到生活中的场景，让他体会到生活中有很多不同职业的人构成，甚至于我们可以了解在学校里面除了老师，支撑起这所学校运转的还有哪些岗位？ 让他和各种各样的人聊。

初中阶段的定位是什么？ 让孩子确定我一定不干什么。我跟很多初中的老师聊，他说好不容易让他们去看大飞机，结果回来以后，只有两三个孩子立志要当宇航员，其他人都没有感觉，甚至说我不要。 我说你成功了，因为初中的孩子是一定要知道自己不干什么，放弃什么，有些职业我不适合，你就成功了。 慢慢到了高中以后，我们才有了志向，他就知道了更适合我的是什么。 它是一个 12 年的梯度发展，是一个宽口径各种梦想的试错，刚开始这个不适合我，那个不适合我，第三个还有点兴趣，……到了高中志向就来了，它是一个梯度发展的过程，这就是孩子成长的规律。

育儿的变化

主持人：谢谢沈老师给我们支招，究竟怎么让孩子从梦想中不断试错，最终找到自己最想干的那个。 刚才还讲了亲子关系的问题，教育学首先是关系学，请问杨老师，现在是人工智能时代了，对于家庭的亲子关系会带来一些什么变化，面对这个亲子关系，我们该怎么办？

杨雄：这是一个新问题。刚才祖芸说的我也同意，家庭教育里面有三对关系，第一对关系就是亲子关系，父母和孩子的关系。第二对关系就是老师和学生的关系，还有一对关系，包括习近平总书记说到家校社协同关系，聚焦一点就是班主任老师和家长的关系，我们叫亲师关系。这三对关系构成当下家庭教育的核心关系。这是原来的一套关系在运作。

现在 ChatGPT 来了以后，刚才讨论到孩子的选择，完全符合人工大脑神经元选择的过程。你去看儿童的大脑，从密到疏又到密，大脑皮层结构就是这样的，孩子一开始就是各种试错，慢慢抽象思维出来了，慢慢删除不适合我发展的东西，到了成人密度就增加。现在这个过程被 ChatGPT 打断了，它的速度更快。

前几天我问 ChatGPT，我说烟花三月下扬州，根据这个场景给我做一首绝句，7 秒钟写出来。我还是中文系毕业的，我用 7 秒钟绝对写不出来。我说你用七律写八行，又是 7 秒钟。我说你给我写一首现代长短句，照样 7 秒钟。我说用马雅可夫斯基的阶梯诗给我写一首，又是 7 秒钟。后来我想怎么办？我说你给我写一首朦胧诗，照样给你写出来，又是 7 秒钟。

因为人工智能是大数据，已经可以在某种程度上替代父母的教育，给现在父母对孩子的教育造成很大的困扰，你教给孩子什么？ 除了情感、关系、生活习惯、教育、价值观，在知识、智力开发方面，你的孩子可能已经在玩这个东西了，你还玩不过他。 作为家长在处理亲子关系方面需要注意，你否则没有办法跟他对话，他玩的东西很厉害，你都跟不上 ChatGPT，你怎么和他对话？

主持人：于老师，孩子作业都是 ChatGPT 写的，家长看不出来到底是孩子写的还是机器写的怎么办？

于海：我接着杨老师的话，今天大家会讲 ChatGPT 有很多问题，包括它的胡说八道，事实错误，还有四平八稳，你找不到缺点。 这些问题都可以解决，它真的是见多识广，学富五车，我们赶得上吗？ 绝对赶不上。 有几点是家长要了解的，现在绝大部分的医生是敌不过 GPT 的，道理很简单，人工智能看到的案例、病案，了解的诊断，比你多得多。

ChatGPT 或者新一代的生成式人工智能，在医疗诊断方面将发挥巨大的作用。 原来作画的，现在已经变成为 ChatGPT 修图，原来一张画 1 500 元、1 000 元，现在修一张 100、 200 元，为 GPT 打工。 写诗也写不过它，除非你读了很多古诗，但它读得比你多，它能不能写出最有感情、最打动你的，让你自己完全有共鸣的，那是另外一回事。

大家都说巴赫的曲子你谱得出来吗？ 肖邦的曲子谱得出来吗？ 美国学者侯世达 30 多岁写出来一本书，这本书被人们认为人类就分两部分，一类是看过这本书的，还有一类是没有看过的。这本书叫《哥德尔、艾舍尔、巴赫：集异璧之大成》，看过的举一下手。没有一个看过，我半年前也没有看过，这本书六七百页，被认为是人工智能和计算科学的圣书。

当音乐家戴维-科普用他编写的"音乐智能实验"程序 EMI 创作了让发烧友和专家都真假难辨的肖邦和巴赫风格的乐曲时，《哥德尔、艾舍尔、巴赫：集异璧之大成》一书的作者侯世达说他被吓坏了。他的学生说，"他不是担心人工智能变得太聪明、太有侵略性、太难以控制，甚至太有用。相反，他担心的是：智能、创造力、情感，甚至意识本身都太容易产生了，这些他最为珍视的人性特征和人类精神，结果只不过是'一套把戏'，一套肤浅的暴力算法就可以将其破解"。侯世达承认，"如果人类这种无限微妙、复杂且具有情感深度的心灵能被一块小小的芯片所简化，这将会摧毁我对人性的理解"。

ChatGPT 有一个问题是，你看多了以后会不满意，因为它总是说得很全，有时候它为什么胡说八道呢？因为它不知道，就把它知道的东西给组合一下，真的懂的人就知道它胡说八道，不懂的人照样被懵。不要对它有苛求，人类大多数就是平庸的水平，它能达到平庸之上的水平已经不错了，对不对？

人类怎么学习？人类用概念，ChatGPT 没有概念。人类用因果分析，ChatGPT 没有因果分析。人类从自己的经验中概括，它根本没有经验，哪儿有人类的经验？你给它的全是语料、语词，甚至 ChatGPT 都没有编程，程序都没有。 怎么训练的？ 靠它的算力，靠海量数据，靠大量信息，不断用概率的方式，看得多了以后，知道这几个词出来之后一定会跟着什么，它回答你的时候，不懂答案的含义。

ChatGPT 做出来的东西有非常完美的模型表现。 它是一个模型，它的表现会让你觉得超过一般人，当大数据到了一定程度，ChatGPT4.0，现在在金融分析、会计、法律文书、编程、作画这些方面，已基本进入到 TOP10 和 TOP20，这就是某种创造了。

我们比较熟悉 AlphaGo 和 AlphaZero。 AlphaGo 是打败李世石和柯洁的，但是李世石说 AlphaGo 还是像人类下棋，到了 AlphaZero 已经是棋神，已经是上帝了。 AlphaZero 甚至没有棋谱，只有下棋的规则，原来它厉害，是把人类最好棋手的棋谱全部学过了，它用很多招对付你，现在这个都不用了，它用更好的算法，只要是这个下棋的规则，它就能下出像外星人下的棋一样。 还有 AlphaFold 对蛋白质的结构和形态做预测的，如果用人工计算或者核磁共振或者今天知道的方法去计算，需要多久？ 需要超过 100 亿年。 很多计算理论上行，事实上不行，因为所需要的时间是人类根本不能承受的，但是今天 Alpha Fold 居然能几个小时预测一些蛋白质的新的结构和新的形态，被认为像外星人做出来的事，所以不能认为 ChatGPT 没有创造性，它有创造性，和人类思维不一样。 人类思维是用极少的例子做推论，它是上亿上百亿的例子做推论。

爱因斯坦做过实验吗？就是一支笔，用数学公式算。他用多少例子？没有例子。狭义相对论、广义相对论预言的事实都是反过来的，他认为是正确的，当英国天文学家通过日食观察证实了他的广义相对论时，他的学生说，如果证明你是错的呢？爱因斯坦笑着回答："那我只能对亲爱的上帝表示遗憾，理论是正确的。"人类用很少的例子或者不用例子，人类的能力不是人工智能的能力。

我们拿人类的思维模式去想象人工智能是不对的，事实上它已经变成一种新的思维方式，就是用大量的数据推论，通过概率有所发现和发明，这是一种新的思维方式。我们对未来儿童教育的时候都要想到，像柯泽所说的，它下出了人类从来没有下过的这步棋怎么办？你在棋谱里面都找不到，怎么办呢？面对它，人类只有一个办法，我不跟你下，所以我们有路走，人类不再跟 AlphaGo 下，不再跟 AlphaZero 下，人类和人类下，照样下得很好玩。如果你想成为人类的好棋手，还得这么走，还得熟悉棋谱。如果你把 AlphaGo 拉进来做你的助手，就玩另外一种算法，是另外一回事。

主持人：面对这种情况到底应该怎么教育孩子？

沈祖芸：学校到底该怎么办？我在中小学跑得比较多，也看到一些学校的案例，特别好，也一直在采用这样的方式。有的学校没有拒绝这个趋势和潮流，而是利用它改进今天的教学。比如有一所学校是作业不用孩子做，就 ChatGPT 做，但是要让孩子学会定义成功的标准。这件事情就非常重要，我要写一篇文章，要体现五种感官对事物的了解。孩子要确立三条成功的标准，比如要有五种感官的表达，要在体现无缝的关系以及人物在五感中的体现。比如写了三条成功标准，提取关键词，让 GPT 去做。之后写了 1.0 的作文，拿回来孩子去对标，GPT 的作文是否符合成功标准？哪些东西人物关系不足，我怎么表达关系的成分，你再继续给他提要求。

老师在这个过程抓住什么？我只要抓住孩子对成功标准的设定是否到位，以前都是老师批改作业，但是孩子定义成功标准，批改 GPT 完成作业，直到 GPT 改到 5.0 版本，整体他们给分达到成功标准到什么程度。这是很好的方式，老师没有拒绝，他能抓住的是课程标准和学习目标。课程标准和学习目标都知道了，要评估孩子们能达到的水平，只不过以前的方式是去写一篇作文，看它是否达成课程标准和目标，现在这篇作文是让 GPT 去写。

我让孩子定义什么是这篇作文的成功点，什么是这篇作文要达到的要求，没有达到的话，继续给他提要求，只在标准层面描述和提取，再跟 GPT 合作交流，这个过程中孩子完成了几件事：第一，我如何和机器合作？第二，人在和机器合作过程中是干什么的？我是界定标准的，我要达到什么要求，你给我写完作文以后，我要让你不断达到标准，定义了我和机器合作中我的角色是什么？机器的角色是什么？第三，它不断在帮助老师判断孩子定义成功标准的精准性，来评估是否达到课程标准和学习目标？因为最后出来都一样，以前写一篇课文也是为了达到课程标准，现在让他设定成功标准来修改 GPT 的内容，也是要达到课程标准，有时候更有利于老师更精准对标是否达到课程标准和学习目标。

这样一些探索非常有价值，一些学校可能还没有在主流课堂上做，但是在课外社团上介入了。比如学校的辩论课，以前我们需要孩子组织在一起，甲方乙方，正方反方，现在他们在基础训练时就用 ChatGPT，现在有个程序就是打辩手。你设定 ChatGPT 是正方，我是反方，辩手不断升级，可以有段位升级，利用它帮助提高段位。

我还看到一些老师，低端的活可以交给 ChatGPT 做，那些基本的 A、B、C，刚刚走上讲台的老师完全可以被 ChatGPT 替代，现在我看到有些学校最初教案和课程计划就是 ChatGPT 写的，写完之后，老师有大量富余时间去研究孩子。ChatGPT 写的课程计划，如何适应这个班级里这帮面前不一样的孩子，我能不能再添加一些元素，让它更好？让我上讲台之前，知道这套教案的描述，综合了人工智能的能力和教师识别孩子、了解孩子的能力，让教师的教学水平更提高。

一些有作为的学校和老师在不断利用人工智能，这也给孩子传递一个信息，未来的社会该如何与机器合作？今天要重新定义我们的学校尤其是中小学校的本质是什么？中小学校的本质，再也不是仅仅靠获得一个分数就能够进入大学的各行各业的劳动者了。未来走向社会，孩子就要和机器人打交道。常态的工作就是机器人、人、管理者一起合作完成一个项目或任务，今天我在学校里，如何让他走向未来社会之前先活下来？这些学校就是告诉学生如何和机器合作，这种行为是积极的。

主持人：有时候机器人工智能也是我们教学中可以所使用的一个工具，非常重要的组成部分。杨老师觉得我们该怎么办？

杨雄：沈老师的发言，不知道大家听懂没有？我举个个人的例子。大概5年前，北京一个权威机构给了我一套丛书让我主持翻译。但是我知道机器可以翻，我花了6 000元钱买了一个在线翻译软件，它是在线使用的，大概是一周时间，二十几万字全部导出来了。我们看了一下，准确率大体可以达到90%左右。后来我们几位分别进行校译，因为一些专业词汇它不懂，只花了几个月时间。如果这本书我们几个人翻，大概一年也完不成。而且这个软件先进到什么地步？分学科。比如理工、管理、社会科学，社会科学里面还分社会学、教育，词汇是不一样的。

如果我们拒绝使用ChatGPT，这不是拥抱新技术。我同意你的观点，美国哈佛大学一开始老师也说要打零分，现在反过来了，让你使用，从小训练让孩子怎么使用ChatGPT。这是助手，人脑和电脑不要竞争，电脑是为我们服务的，我是这个观点，你不能拒绝新技术。

第二点，怎么教孩子？学会提问。现在世界上已经出现新的行业，至少 ChatGPT 有一个行业就是怎么提问。 你用 ChatGPT 要知道提问，提问越精准，答案就越精确。 你提问乱七八糟，它回答一塌糊涂，它训练我，我也训练它，这是非常有趣的过程。 提问是未来孩子最重要的能力，解决问题首先要发现问题。 ChatGPT 时代，应该培养孩子如何提问？ 如何讨论？ 这是很重要的。

主持人：我们可以把 ChatGPT 作为一个工具，让孩子在这个过程中更好地学习。 于老师呢？

于海：两位今天讲得非常好，提问是什么？ 当你知道得很少，学得很少，没有知识的时候，你是没有办法提问的。 什么是高手呢？ 高手提这些问题，知道问题的关键在哪里。

ChatGPT 很难的是什么，写提示语。 但是提示语是什么？ 提示语是中文系的工作吗？ 是修辞的工作吗？ 不是，是学问的工作。 比如没有 ChatGPT 的时候，我们一直在用搜索引擎，搜索引擎也反映你到底有多少水平。 比如法国人福柯的书我都看过，记不住他的原话，至少知道几个关键词。 如果你福柯的书从来没有看过，只知道福柯一个名字，你能在谷歌里面得到什么？ 我同意两位刚才的观点，我们一定要利用人工智能，把它变成我们的工具，前提你还是要像原来那样头悬梁锥刺股地读书，你要有很多的学问，你才知道怎么去用它。

ChatGPT 大家都可以用，前提还是你能写很漂亮的中文，你能有很好的学问，你能提非常好的问题，你才能让 ChatGPT 发挥最好的作用，把它知道的东西都告诉你。 如果你一无所知，你在 ChatGPT 上消耗时间，就是在消耗你的生命。 别认为 ChatGPT 只是帮助我，它可能耗你的时间，因为你觉得好玩。 怎样让它变成你的助手，对家长和对孩子仍然说要多读书。

第二条方面的问题，人类到底强在哪里？ 什么东西它绝对不能替代？ 木心说，我怀着悲伤的眼光看着不知悲伤的事物。深蓝把俄罗斯的国际象棋冠军卡斯帕罗夫打败了，人工智能专家说，不是机器打败了卡斯帕罗夫，是 200 个程序员打败了卡斯帕罗夫，这是一个说法。 还有一个说法是，李世石被 AlphaGo 打败，他们都极为沮丧，AlphaGo 高兴吗？ 不高兴。

直到现在，人工智能离自我意识还很远，当人工智能还是一堆线、硅片时，它没有情感，就不知悲伤，没有感恩的心，就不知道这个房间里的人对我的感觉，这些复杂的感情，它没有。 所以它的世界是非常平板的，它最强大的就是它的逻辑、算法；情感和情感的关系，沮丧、羞愧、感恩、嫉妒，全都没有。

原来西安音乐学院那位年轻人，叫药家鑫。 把人撞了，他想到的不是我要赶快救人，这就是人会想到的，别说自己把人家撞了，如果路上有一个被别人撞的人，如果你有同情心的话，都要伸出一把手，我们有一颗心会跳，你到 ChatGPT 里面找不到那颗心。

药家鑫想的是，我要救他很麻烦，爸爸会怪罪我，他爸爸对他的教育就是你把琴弹好，别的什么都不管。药家鑫绝对不是一个罪大恶极或老谋深算的人，他就是一个空心人。

今天太多空心人了，精致的个人主义就是空心人，把人类最重要的品质丢掉了，比如同情心、怜悯心、慈爱心、想象力、羞愧、感恩等，这才是孩子最后能成为一个让社会觉得有用，而且别人觉得可爱的先天条件。这个是机器没有的，我们的教育完全变成应试，完全变成逻辑，完全变成你拿多少钱，等等，就把人的心掏空了。

未来招工单位已经不看你的学历了，不看你的算数逻辑和其他的东西了，他用人心来面试你，看你有没有心，看你是不是一个靠谱的人。要做一个靠谱的人，可能是今天人工智能时代，家长和孩子都要努力的方向，这个方向非常古老。2 000多年前孔子就这么讲，最好的就是要本心、本性、本善，我们要求的是什么？好好丰富你的善意、善心、善行。你就走得远，别人没有办法替代你。

人工智能进来，我们能做什么？第一，踏上 AI 的快车，利用 AI 提供效率，增强能力，节省时间。第二，了解人性，技术革命先是替代体力，现在的数字革命是替代智力，什么不能被替代？创造力、洞察力、想象力、敏感、善意、感受力等。人需要得到尊重、得到承认，满足对真善美的要求。往两头发展，高端的，一切做到顶尖的，做成绝活的，都难以被替代。只要人还是跟人下棋，你仍然要向高端攀援。人类下不过 AlphaGo，可以不跟它下。 奥运会人类体能竞赛还会继续，这是人类特有的活动。

人工智能算法是人赋予机器的，掌握算法是人类的主动，仍然需要算法专家，但高端毕竟是少数，多数人要向不容易被算法 AI 化的人对人的服务用力，人对人的工作，只有人跟人的合作才能完成的。 体验丰富的人，人性丰富的人，同理心强的人，教养好的人，充满善意的人，靠谱的人。 这是老生常谈吗？ AI 时代空心人还有路吗？ 善行善心、善意善良不会被替代，大量的重复工作，套路工作，纯技术的工作被 AI 做了，被机器做了，人的不可替代性才真正有了用武之地。

沈祖芸：我想补充一个方面，现在这个事情迫在眉睫，每个孩子的品格、价值观的形成对于家庭来说是核心。 不管怎么模拟情感，不管怎么模拟那些人类可能现在尚存的不可被替代的东西，但是最终每个人坚守的品格，价值观判断的东西，这是机器达不到的，也是我们人类需要去努力的。

《越洋家书》的背后

陆　波

亲子教育专家，著有《越洋家书——一个全球化时代的教育样本》。曾任意大利意联银行上海代表处首席代表，中欧基金公司董事，意大利意联银行上海分行副行长，复旦大学管理学院讲师等职

　　《越洋家书》选录了一位 60 后妈妈写给 80 后儿子在英国和美国读书期间的 80 封家书，时间跨度长达 16 年，书信记录下了父母与孩子一起分享生活、探讨问题、共同成长的宝贵经历。这是在一个世界全球化与世界大变局过程中的家庭教育样本，一份反映母子两代留学生共同探讨人生和成长的私人文档，其背后有什么故事？让我们听作者自己说：

大家好，我是《越洋家书》的主要作者。 今天很高兴和在座的各位父母一起分享我和儿子的书信集《越洋家书》。

　　在介绍我的这本书之前，我先简单介绍一下自己的经历：我 1984 年毕业于复旦大学，毕业之后，去英国留学，获得了伦敦政治经济学院硕士学位，1988 年回国之后，先后就任复旦大学管理学院讲师，意大利联合银行上海分行副行长，意大利意联银行上海代表处首席代表等职。

　　和我们那个时代不同，现在几乎所有父母，都非常注重对自己孩子的培养。 我常会在办公楼的电梯上、在上下班的地铁上听到或看到年轻的父母们在谈论自己孩子的学习，或在告诫自己的孩子要好好学习。 这些常让我想起过去自己培养孩子的很多场景。

　　我对孩子的教育一直比较重视，这可能有我家庭和英国的留学经历的影响。 那是 20 世纪 80 年代的英国，留学让我对中西方学校教育有了感性的认知。 因此在有了孩子之后，我就想尽可能将中西方教育中的好的地方用于对孩子的培养。 1988年回国之后，我又在大学教育和中外资金融机构工作，看到过很多考入名牌大学且学习成绩很好、被称之为学霸的孩子在走上社会之后并没有令人期待的表现。 有些孩子在考上很好的大学之后就会出现迷茫，甚至扛不住压力而走上极端的道路，令人心痛。我和绝大多数的母亲一样，希望孩子成人成才。但现在的大环境发生了巨大的变化，竞争更加激烈，越来越多的家长因此产生焦虑和迷茫。作为一个过来人，我非常理解现在年轻父母的焦虑，也希望通过我和儿子的这本书帮助现在的父母减缓焦虑情绪。我的观点是，做家长的，不能只跟着学校的成绩走，而是要为孩子的终身幸福去努力。如何让一个孩子对学习保有热情并将这种热情转化成对生活的热情，并从中获得心灵的自由与幸福，这才是我们当父母所应承担的家庭教育和应该履行的职责。

培养孩子的目标是什么？对孩子培养的定义是不是仅局限在考上一所名牌大学？还是要把他培养成身心健康的人？一个孩子获得幸福的力量是来自社会、来自学校还是来自他的原生家庭，这些都是我比较感兴趣的话题。也是我与孩子16年的通信过程中经常探讨的问题。

光阴荏苒。现在我的孩子已经30多岁，从他16岁出国读书，22岁从普林斯顿大学本科毕业，进入华尔街的金融交易公司，24岁被公司派往香港的分公司工作，到现在负责香港公司对中国大陆的业务，一路走来他的成长都符合我对他的期待：阳光、热情、努力、坚持。他毕业时正是美国遭遇2008年的金融危机，是金融界就业相当困难的时候。正是我们之间经常的互动让他有了心理准备去迎接各种不确定性，并坚持从基础性的业务工作做起等待市场的好转。 再比如，他从没有放弃对中国文化的学习和研究，这为他在之后的工作中成为公司拓展中国大陆业务的骨干打下了很好的基础。 在业余时间，他把生活的视野放在了了解世界不同的文化和历史之中，并记录下他在世界各地的所见所闻，尤其是走过了丝绸之路沿路的那些国家之后，他把所见所闻变成了旅行游记分享给朋友们，在此基础上他的第一本与他行走丝绸之路有关的书《丝绸北道》也已于 2023 年 8 月出版。 而之前，他利用空余时间翻译了由他大学校友撰写的英文版的统计科普书，中文书名为《妙思统计》。这些经历使得他没有在大学毕业后的生活出现迷茫，也没有在过去不稳定的几年中动摇对未来的期待。 相反，他一直充满着乐观的情绪并勇于面对各种不确定性。 在刚过去的三年疫情期间，他不间断地往返于大陆和香港之间沟通业务。 记得他每次到上海都要被隔离，2022 年他一共被隔离过 42 天。 但即使在这种情况下，他依然做好自己的心理管理，调整心态，在艰难的日子里最大限度去追求达观的思想境界，这些让我深感欣慰。

　　我们母子的关系，大体是分三个阶段。 从出生到他 18 岁，是我对他立规矩，培养学习、生活好习惯的过程。 这段时间，如果我们之间有什么大的分歧的话，以父母的决定为决定。 因为我们是他的监护人（回想起来，我们之间没有大的分歧）。 18 岁之前我和儿子的交流是我讲得多，18 岁和 22 岁大学

　|　《越洋家书》的背后

这一段时间，我作为母亲的角色开始转变，我跟他以平等交流讨论为主，甚至开始学习他所感兴趣的知识。 第三阶段，也就是他大学毕业之后就是他讲得多，我听得多，我的角色就变成他生活的一个建议者，这个过程中我也有很多体会。

现在很多年轻家长生了一个孩子就很焦虑，尽管政府希望大家再生，很多人一口回绝，不生了，不生了，一个已经够辛苦了。 事实上我很羡慕现在的家长，你们还有机会生第二个。我们当时是独生子女政策没有生第二个的可能。 根据我的观察，生两个孩子比生一个孩子家长付出成本会递减，但是家长的获得会更多，这是对生命的不同体验，而孩子之间自然产生的和谐与分享也会减轻父母对独生子女性格中过于注重自我的焦虑。 如果父母能公平地对待每个子女的成长，那么他们之间的友爱会使得进入老年的父母有了一份经营家庭成功的成就感，进入老年的父母，病痛将有更多的家人帮助照顾，可以减轻不少负担。 虽然这是题外话，但我在培养独生子女的过程中最感到困难的就是要让他放弃以自我为中心的倾向，这确实是有难度的。

现在很多的影视剧里都会或多或少地宣传有孩子的烦恼和辛苦，特别是妈妈工作与家庭的矛盾。 这些情况都是存在的，也导致很多年轻人怕要孩子，不结婚或选择丁克。 但讲有孩子的好处的影视剧不多。 所以我今天在正式地讲育儿体会前，也想简单讲一下有孩子的好处。

在我看来人的一生最重要的财富就是"经历"。而有了孩子之后，成为父母的我们就有了一份对人生认知更丰厚的经历。首先，你的视野扩展了，你的孩子幼年时的成长让你了解了你自己婴幼儿时期是怎么过来的，因为你对自己的这段经历是几乎没有记忆的。当你抚养孩子，就知道抚养孩子的喜悦与辛苦，你就知道你的父母或其他长辈是怎样抚养你的，所以你会对他们多一份感恩之心。其次，等到孩子成年或者大学毕业以后，你会发现他们就是你的未来，因为你慢慢地老了，退休了，很多信息和进步的空间是孩子给你带来的，特别是现在社会发展与科技发展极为快速的时候父母会越来越依赖于孩子带来的新东西。比如我，作为一个 20 世纪 60 年代出生的妈妈，如果没有孩子的话，我的视野就是停留在我 60 后的时代上，别人一看就能猜出你是 20 世纪 60 年代生人，对艺术、对运动、对科技的理解都有相当的时代烙印。而当我有一个 80 后的孩子，他可以让你跨越 20 多年的时空，去了解年轻一代的关注点是什么，他们的生活是什么样子的，这在无形中让你的精神世界年轻了一个时代。再次，有了孩子就有了责任感以及更多的对他人的悲悯之心。我注意到，一般员工都喜欢自己的老板是已经成家和有孩子的。他们会更加善解人意和协调与员工的关系。当然等你更老一点，就会更加体会到家庭和亲情的重要。

　　讲完题外话，现在正式进入我要讲的主题：在我写给儿子的书信的背后，我是如何思考孩子的教育的。

我的育儿目标就是孩子先要学会做人，要拥有获得幸福的能力。 从出生到他出国留学之前，我们是零距离培养。 当他去英国读高中时，我最希望的是我们的家庭教育不会因为他的出国而慢慢淡化。 正是这一想法的驱动，从 2004 年儿子到英国读书开始，我就开始给孩子写这些书信，2010 年此书第一次出版时，我又重读了这 6 年的书信，发现不仅是他成长了，我也成长了。 重温这些文字我满怀感动，因为这是我们人生的记录，是他的记录，也是我的记录，还有我们成长的这个社会背景的记录。 在这里我想先和大家分享我对育儿的一个最深刻的体会：不要看到现在孩子有一些问题就很焦虑，慢慢地你会发现，孩子的成长是一个弯弯曲曲的过程。 重要的是在他整个成长过程中，身体健康、心理健康。 有了这两个健康，即使他没赢在起跑线上，也会在社会中找到适合他的位置，并对生活充满乐观。 要知道，每个人生活的时代不同，国运、时运和个人的命运都不是我们个人可以掌握的。 而我们希望孩子能做的就是在任何时候都要尽力而为，做最好的自己。 这一个育儿目标是贯穿我这本书的始终。 也是我和年轻父母在交流中最强调的根本。

写作的初衷

　　现在关于家庭教育的书非常多，比如过去有一本很著名的《哈佛女孩刘亦婷》，还有一本《好妈妈胜过好老师》，那么我的《越洋家书》和那些谈论教育孩子的书有什么不同呢？ 我想最根本的不同就是这是一个母亲用自己的人生阅历和生活经历来启发自己家的孩子去传承我们自己家庭文化的私人信件集。

考虑到孩子出国时才 16 岁，他将进入一个完全不一样的文化环境，为了让他与原生的文化继续互动，我下决心用书信的方式和他进行沟通，也希望他能通过这样的方式继续受家庭影响，能喜欢中文，了解中国文化。 因为博大精深的中国文化更重要的是历史的积淀与文化的智慧。 这是我写信的初衷，所以我跟他约定，书信必须用中文。 **不远离母国文化，是我开始持续给孩子写信的第一个原因。**

第二个原因，就是我想通过书信帮助他很好地去适应海外的生活，融入当地文化。 由于我也有海外留学的经历，我对中国孩子在出国留学以后，会有哪些弱项，哪些强项有感性认识。我希望用自己过来人的经验来帮助孩子尽快适应新的环境，融入新的群体。 以我对海外留学生的观察来看，中国人在读书方面是强项，但在社会交往方面是弱项。 因为中国的学校和家庭教育都不太重视孩子的社交能力，特别是和陌生人打交道的能力。 这部分原因是和中国文化中倡导的言多必失、敏于行讷于言的文化基因有关。 中国孩子出国后习惯于在华人圈子里交际，但和当地人的交流有限。 所以我会用自己过来人的经历去鼓励他和各种人群打交道，不仅是和中国人要相处好，也要学会和其他族类的同学相处，以克服内心的文化孤独感。 在我和孩子的通信中，有很大一部分是帮助他学会社交的，尤其是他刚出国，在英国读高中那两年，我在书信中鼓励他参与同一宿舍楼同学的周末聚会，并乐于去帮助别人等。他住的是 International House（国际公寓），英国人不多，但欧洲人很多，还有来自非洲和中东的。在我有意识的鼓励之下，他放下了手中的书本，自觉地与来自不同国家的同学开展交流，从而交到了很多其他国家的留学生朋友，他们年龄相仿，互动频繁。这是一段非常美好的回忆，留在了儿子的记忆中，也留在了书中他所写下的一段毕业告别的文字中，他写道：这两年来我不仅收获了知识，而且更重要的是我认识了一生都会珍惜的朋友。不管他是意大利人还是也门人，是肯尼亚人还是德国人……到最后，总有一天我们还是会聚首在 Sevenoaks 的旗帜下。〔Sevenoaks（七橡树）是他中学的名字。〕同时他与他的英国监护人一家也相处得十分愉快，并在监护人的影响下爱上了文学（中国理工男常常惧怕文学）。所以，留学的目的，不仅仅是在学校的学习上要有收获，还要有更高的目标，就是使自己融入当地文化，学会社交和沟通，在生活中扩展自己的能力。

现在回过头来看，在中国留学生中，我孩子的交际能力是比较强的。这不经意中还获得了意想不到的惊喜。2008 年美国爆发金融危机，此后一段时间找实习岗位比较困难，但他还是找到了实习机会，也就是之后他工作的那个公司，主要做金融交易。一开始他并没有关注这个行业，是他的美国同学给了他这个信息，让他开阔了求职的思路。 常言道，出门要靠朋友。 但朋友是靠真诚和信任去获得的。 以往比较注重学习成绩的时代已经过去了，现在会越来越注重人的素养，而这也是我在书信中和他聊得很多的内容。 就是如何去做一个有魅力有格局的人，如何去和你意见不同的人相处，如何去拥有爱的能力，如何去成为一个人格比较健全的新时代的中国青年人。

我与孩子的交流既是平等的沟通，又有长辈对后辈的循循教导。 这是一个母亲与自己孩子交流的私房话，是最真实和直接的沟通。 要做到这一点，父母与孩子需要彼此了解。 我觉得做父母的必须了解孩子，说出来的话，对孩子才有信服力。不然，就是对牛弹琴，还令孩子厌烦。 尤其是青春期的孩子，会在他的门上贴上"休息时间，闲人免入"的牌子。

书的内容很杂，根据孩子的情况而定，但总体是分了三个大类，即第一部分，踏实做人，学会与社会沟通的能力；第二部分，如何抗压，学会适应；第三部分，如何理财，也就是理财的能力。 这三部分都是学校不会在课堂上教，但在生活中最需要的。 父母的育儿目的不是去为老师作秘书，监督孩子的学习，而是要在更宽广的层次上弥补学校教育在上面三个部分中的不足，从而达到家庭教育和学校教育联动，将孩子培养成一个人格健全，智力在线，敢于挑战自我，乐于奉献社会的人。

第一部分教孩子如何做人上我的笔墨最多，但主要分三个方面：

第一，给孩子做规矩。古人讲，没有规矩不成方圆，规矩就是做人的准则。养育孩子一定要重视孩子做人的规矩。过去是教书先生和家族中最有威信的长者给家族立规矩，现在是新时代了，那么我们是不是还要为孩子立规矩呢？我觉得是要的。新时代不要求孩子必须服从权威，但有一些老规矩让人受益终身。比如懂礼貌，爱友亲朋，懂得感恩。常言道，家有家规，国有国法。一个从小懂得守规矩的人，大了之后不用太担心他在社会的大变革中无底线。因为在他心中有一种对国法家规的敬畏感。现在常常听到一些人违反国家的法律法规，这就是心中没有敬畏。书里有一篇书信是批评他在关心父母方面做得不够的地方，还有一篇专门和他讨论他的同学在美国犯法的案例。本书出版之后，有朋友给我发消息，说看了这本书以后，非常惊讶你如此之坦率地指出你的孩子做得不够的地方。我说，独生子女容易以自我为中心。这样的性格在社会上不受欢迎，也不会受家庭的欢迎，但这样的自我为中心的独生子女现在很多，很多人认为既然大家现在都这样就可以原谅自己孩子自私的表现。但我说，那么我们能不能换个角度去想，如果父母能及时发现并指出自己孩子身上的那些自私的行为并加以纠正，他不就脱颖而出，更受大家欢迎吗？教育孩子讲规矩、懂礼貌就是在教育孩子做个合格的好公民。

怎样做个好人，这个话似乎很抽象，但是事实上，又可以非常具体。我举个例子，比如说学生全部在教室里，大家坐好了，老师进来，结果一看黑板没有人擦过，这个时候如果谁先把黑板擦好，就是为他人服务的理念的具体体现，可能无意中也给老师留下一个深刻的印象。再比如读大学以后孩子要做项目，如果有长辈向孩子提供了一些帮助，而已经成为大学生的孩子能够给叔叔阿姨写个感谢信，你觉得会有什么样的效果？请记住，对于帮助自己的人，任何时候别忘了说声"谢谢"。同样，在发现自己做错事情的时候，别急着推卸责任，真诚地说一声"对不起"就是最好的做人的方式。这些在我们当今的家庭教育中比较容易被忽视。我也注意到很多学习成绩很优秀的孩子，看到陌生人时毫无表情。来咨询事情，进来以后连一个礼貌的称呼都没有，或许不知道如何称呼，这些应该是谁从小教育呢，是父母，父母要在他小的时候就做好规矩。这类文明举止从表面上看都是一件件很小的事情，与分数和读大学无关，但却会成为他今后事业向上的基垫，也许有贵人就在你意想不到的时候来出现。在这个放纵年青人讲究个性开放的年代，在大家都注重学历讲究名校的环境压力下，家长如果能注重人格的培养，或者是讲情商的培养，会使孩子一生受益无穷。

这里，我还想从单位用人角度上来谈谈一个社会新人应该以怎样的面貌走进社会：比如有一些非常优秀的学生到了工作岗位，不注重小节，开会时会突然想起来拿手机看看，或者一直看手机，这看上去是小事，但是如果在谈一个项目的话，对方就会非常不愉快，所以平时父母就要在这方面有所提醒。 尊重别人是成功的开始。 家庭教育应有别于学校教育，一定要去做学校可能忽视的那一块德育教育，就是人的素质培养。 一个从有教养的家庭里出来的孩子都会是阳光、礼貌、谦和、大度、有亲和力的，相信这样的孩子学习不会太差。 现在内卷很厉害，而有亲和力的孩子自然竞争就有优势，比如在面试中，进来时怎么推门，怎么坐、怎么看着对方，这些都很重要。

第二，培养好的好习惯。 很多年轻的家长，不太注重孩子习惯的培养而只是关注孩子对学习是否有兴趣。 其实不必过于强调兴趣，因为孩童时代的兴趣一直在变化。 关键是父母要把一些你们认为值得去学习的东西坚持下去变成习惯，变成习惯后不做很难受，这就成功了。 比如读书，比如运动。 我儿子是个理科男，从小对语文的兴趣就不是很大，成绩也一般。 我们常在假期带他出去旅游，从小学三年级开始，带他去旅游时我开始要求他写日记。 我知道他的文章写得不太好，也不喜欢写。 好吧，我不要求你写得多好，但是要让你坚持写，只要求你坚持去做这个事情。 一开始确实很难，因为一天的游玩已经很累，我们开始旅游的时候大概是 2000 年前后，那时候道路和住宿都没有现在这么好，跟着旅行团旅行，很累，要不要让他坚持写日记？ 这是一个让人纠结的问题。 我也知道他很累，但是如果你今天不写明天还是累，这次不写下次你说话还算数吗？ 所以家长一旦下好决心并跟孩子已达成一致时，不管在什么情况下一定要把事情坚持住。 虽然我心里也很舍不得他，但做了决定就必须坚持，那时全旅行团的人都觉得我是虎妈。 孩子一开始有点勉强，但也知道这是他事先已经同意的。 之后他每一次出去都写，写了几年以后，他就突然之间醒悟，意识到这是件好事。 等他18岁中学毕业时到欧洲去玩就变成自己要写，每天晚上写到深夜，一共写了6万多字。 就养成了旅游就一定要有记录，不写很难受，就变成自己的一种生活习惯了。父母一定要把你认为正确的事情变成孩子的习惯，变成习惯以后他不做很难受。 所以对父母而言，与其跟着不断修订的考试大纲去变化，不如花点精力去把你认为对他终身受益的事情变成习惯。

让孩子有好的习惯的前提是不能把他的生活填得太满。 现在家长有太多的课外活动要让孩子参加，这样他会没有时间去对周边世界产生好奇，也无法把所有的热爱都坚持下去。 所以你要让他培养好的习惯，就要给他有放空的时间，或者说要给孩子"留白"，这很重要。 我看到家长给我提的问题当中，就有一个说，现在学校的课程那么紧，我课外活动怎么样去平衡。 目前当然还是要尊重中国的教育环境，学校的事情一定是最主要的，课外活动不需要那么多，只要有一两个即可，太多了家长也累，没有了自己的生活，当然也就不愿意生二孩了。

《越洋家书》的背后

很多家长说那么其他孩子都会这会那，而我的孩子让他放空，这样不是就失去竞争力了吗？其实这都是表面现象。一个什么都学的人不一定什么都可以坚持下去，而学习的一些技能性的项目如果坚持不下去，也会很快就忘了。有的放矢地抓住了某一样东西把它成为孩子生活的习惯，会让孩子一辈子都与它相伴，更有可能成为他心灵的慰藉。

第三，提高与人沟通的能力。除了给孩子做规矩，培养好的习惯以外，第三点就是父母要注重培养孩子的沟通能力和交往能力。这一点在前面讲到与儿子通信的目的时已经提到，但在这里我还是要再将它作为重点提出。

现在很多行业，都有男孩子成熟得比较晚的现象，特别在表达方面不如女孩子。当然这只是我个人的观察，也许是片面的。但至少在我接触的范围内，沟通能力强的男孩子、敢于冒险的男孩子不多，反倒是女孩子的沟通能力强，敢于冒险的人多。比如我出去旅游，看到的女孩子独自旅行的比男孩多，到那些比较艰苦的地方旅行的也是女孩子多，这让我有点惊讶。在博物馆看到的也是女孩子多，艺术中心看到的也是女孩子多。那么男孩子呢？是不是都宅在家里玩游戏？不是有句话叫作"宅男"吗？如果男孩子喜欢宅在家里玩游戏，那么他们的社会交往自然就变少了，也就不利于他们的交际能力的培养。当今科技发展，机器人的出现可以取代很多的工作，劳动就业市场上是只有需要人与人之间交流的职业才更有前途。 所以如果男生愿意与人交流，他的就业概率就会高很多。 因为现在这样的男生有点稀缺。 所以家有男孩的父母一定要把男孩子从手机和电脑前赶出去，锻炼也好、交往也好，一定不要让他变成一个宅男和妈宝。

虽然没有统计数据作支持，但我相信我的观察是可供参考的。 那就是"阴"盛"阳"衰是一个正在发生的事实。 在西方也是如此。 随着女性在社会地位上的提升，优秀的女性越来越多，这是一个既令人欣慰但又令人不安的趋势。 在我儿子的朋友圈里，西方的男生愿意去冒险的比较多，在他的中国朋友中愿意去尝试一些冒险吃苦的事情，比如去穷游世界，倒是女生更多。 这还望有关专家研究一下其中的原因。

如何让孩子学会与人打交道？ 其实很简单，就是任何可以让孩子做的事不要替代他去做，而是做一个懒妈妈、懒爸爸，能让他做的尽量让他做，不要代替他做事情。 比如说去看病。我有一个医生朋友跟我说，她在门诊时常常遇到这样的情况，妈妈带一个又高又大的男孩子进来，孩子有病，但所有的话全是妈妈在跟医生讲，你能不能让他讲讲，让他自己来说？ 你要尊重他。 所以父母和孩子之间，首先第一点你得尊重他，欣赏他，不要认为他什么都不会，这一点很重要，你要给他信心，鼓励他做事情，做得不对、不好这很正常，人都是在碰到挫折之后才能够学会生活。 所以一定要冲破禁锢，父母要鼓励他。
我儿子学冲浪、学潜水，他有哮喘，但我不会因为他有哮喘就
不鼓励他做这些事情，什么叫人生？ 经历就是人生。 父母不
能去代替孩子生活，但父母可以给他加油。 而且，一旦父母放
手，孩子身上表现出的各种才能会让父母吃惊。 其实现在的社
会中，能获得信息和知识的渠道太多了，孩子不是不行而是你
认为他不行。 一旦你改正了对他的态度，欣赏他，鼓励他，为
他加油，他很快就会成为一个社会需要的具有独立人格的大写
的人。 相反，如果你不信任他，一直以父母的名义去"指导"
他的生活，不让他有"犯错误"的机会，那么他就有可能成为
一个永远长不大的巨婴。

　　我觉得我们每一位做父母的，都要警惕在育儿过程中对孩
子的溺爱和干涉，在孩子的成长道路上，父母与子女最好的相
处方法是彼此尊重，彼此学习。 老的可以将一点自己的生活与
社会经验提供给孩子，小的可以将现代生活中最新的东西教给
老的。 这样的相处叫作互动，互动意味着双向学习。 在我的
书中这样的例子很多，比如，我比较喜欢阅读，尤其是那些名
人的传记，我会把我的阅读体会告诉他，让他懂得没有一个人
能随随便便地成功。 而他则把他在海外学习到的艺术、历史与
我分享。 当然他的数学专业我是学不了的，但他广泛地选修课
程也让我开阔了眼界，有了新的学习兴趣点。 而且我也是一个
很愿意分享的人，所以我的朋友中很多人又通过我的分享，学

习到西班牙的艺术、希腊的历史、波斯的文化和丝绸之路的变迁。作为60年代的人，我过去对这一块的知识几乎是零，和孩子成为朋友，双向互动让我受益匪浅。

我建议有孩子出国的父母，不要认为出国之后就万事大吉，任务完成。不是的，你要更多地跟他交流，因为一旦忽视思想的交流，这个孩子就和父母感情淡了，也许只有要钱时孩子才和你联系，而金钱就变成联系的唯一纽带。那么这个留学的意义在哪里？因为不是每个孩子一到国外就能成就一番大事业的，也许他最后也就是一个在异国他乡的打工者。而对家庭来说就是送走了一个劳动力，留下一个空巢家庭。与其这样还不如不出去，你花了那么多钱，但你的孩子"没有"了，这样的情况很多。所以要坚持跟他继续交流，特别要去了解他在海外的生活中那些你不熟悉的领域。放下父母的"面子"，平等地与孩子交流，你会惊讶地发现他的某些知识远远超过你，只是在家时你不给他机会去表现。而某天你把孩子带到其他的朋友那里，他们一交流你就有点震惊了，他怎么知道得那么多？其实正如我刚才已经提到的，现在的孩子都非常聪明，他的信息不仅仅从你这里来，他从同学那里、从网络上……都可以获得知识。所以我要再强调一下，尊重你的孩子、欣赏你的孩子这一点非常重要，只要尊重他欣赏他，就不会有更年期和青春期的冲突，关系就会非常和谐，他也会因为受到尊重而反过来尊重你。所有的孩子，如果他有问题，家长先想想是不是自己的问题，千万不要认为都是他的问题，一定是自己在哪方面做得有问题他才会有问题。

在培养与社会交往能力的这一块讲完之后，我还想补充一个能力，就是"感受幸福的能力"。这一点很重要，一个人是否能有感受幸福的能力，懂得感恩，会影响到他终身的幸福和他今后家庭的幸福。

我儿子毕业十几年了，他的朋友圈里很多是非常好的学校毕业的，但是走到现在他们也有一些迷茫，有很多不愉快或者感觉不到幸福。我记得哈佛大学著名的管理思想学大师克里斯坦森在他所著的《你要如何衡量你的人生》中也讲到即使是从哈佛商学院毕业成为一个成功的企业家，赚得大把金钱，他们中的大部分过得也并不开心。

这和我在儿子同龄朋友圈里看到的情况有类似之处。所以并不是考进一个好的学校，出来找了一份好的工作，这个孩子就一定是幸福的。一个人感受幸福的能力要他自己去培养，也需要父母有意识去引导：让他去换位思考，学会懂得感恩。不然的话他永远是觉得我值得比现在更好，或者总是看到别人光鲜的一面，而选择性地忽视别人的努力和运气。感受幸福的能力比较弱会导致什么结果呢？抑郁症，现在中年危机已经提前到了 35 岁甚至更早。

我儿子的朋友有时候会问他，你怎么到现在为止还是那么快乐？好像对每件事情都充满热情；我们这十几年工作下来，现在有点迷茫，特别是现在大环境的变化，好像看不到一个更好的未来，你怎么还是那么快乐地生活？其实在很久以前我们就一直教育他，快乐不是基于别人对你的评价，快乐是在生活中找到自己的兴趣。寻找快乐是一种能力，感受生活中的美要从小培养。当一个人精神世界丰富了，他就不会太在乎外界的风云变幻。要学会自娱自乐，要学会进退自如，要学会欣赏别人和喜欢自己（最后一句是儿子初中时的班主任和他说的）。我最近翻到美国著名的主持人奥拉普的一段话，她很胖，她是黑人，她经常会自嘲自己的胖、自嘲自己不好看，说上帝就是因为我这样，才给我其他的能力，我都不好意思拿……自嘲是一个非常好的优点。要学会自嘲，特别在内卷很厉害的时候，不如别人，别觉得是社会委屈了你，自己自嘲一下就可以。父母也要学会自嘲，父母经常自嘲，增添一点幽默的氛围，孩子就会轻松很多。

　　请记住不要去跟别人比，每个人头上一片天，很多事情轮不上你就是轮不上你，你要是总和别人的长处比或者好运比，你就永远不会快乐。其实真实的人生都是有好有糟，就如有白天和黑夜一样。而外人看到的别人的光鲜仅是他生活的一部分而不是全部。我相信这个世界上没有谁可以随随便便地成功。所以不要和网上虚幻的幸福"秀"比，也不要和你看到的那些所谓成功人士比。而是跟自己比，看是不是有了进步或者有了新的生活乐趣，这一点很重要。父母一定要多多鼓励、多多表扬，表扬不是假的，不是一种违心的恭维。现在有些父母一直看教育类图书，会觉得"对，要表扬，不能老是批评他"，但是内心还是在比为什么他没有得第一名？孩子和父母的心是相通的，如果你不是在欣赏他，你又是用一种"啊，你还不错"的态度评价他，孩子觉得你还不如骂他一顿。所以真诚很重要，要发现他的进步和提高，也要指出他不足的地方。还有一点，家长不要在老师批评孩子以后，马上回来跟孩子说，你怎么回事，今天老师怎么批评你了，或者肯定是你不对，诸如此类的话不要轻易说出口。现在的孩子聪明得很，你要对他这种态度，他一定不会把自己内心想说的话告诉你，一定会跟你生分，这种生分最突出的阶段可能就是青春期碰上更年期的时候，有时会持续好几年。很幸运，我跟孩子几乎没有过这样的冲突，因为我在所有的和孩子的冲突当中，首先先退一步，说"我可能是错的"，你这样讲，孩子放下了敌意，才能够跟你讲他的看法，也会接受你的分析和建议，所以这一点很重要，这也是一个沟通的技巧问题。如果家庭是温暖的，他一定会更温暖地去看待这个世界，看待自己。这样，在成年之后患上抑郁症的可能性就会变小。

谈谈财商

在第一部分我讲得比较多的是如何培养一个有健全人格的

孩子，讲到了"规矩，习惯，交往能力，感悟幸福的能力"等，而这部分我要注重讲一下培养孩子对钱的意识，也就是让孩子有理财的意识。 我们把孩子送出国去学习，除了学习课堂知识，还要学习独立生活的能力，而独立生活这部分中最重要的是对自己财务的管理。 这也是我在孩子到英国去读高中期间谈得比较多的内容。 有些我的朋友对我在他高中期间面面俱到地指导感到有些不习惯，而且觉得有点没必要。 我不这么认为，早点让他对钱有概念，可以帮助他少走很多弯路。 而我们自己就是因为身处从计划经济转向市场经济的过渡阶段，对很多金融知识没有了解，吃了不少亏。 现在我们有可能将自己的一点金融知识教给孩子，帮助他在错综复杂的世界变化中掌握基本的金融概念，对他未来是有很多好处的。 目前，学校没有这方面的教育，如果家长也不重视，那么他在成长道路上就缺失了生活中最重要的财商知识的储备。 我们常常说，犹太人的教育比较好。 而在我阅读到的犹太人的家庭教育理念时，发现他们都强调说让孩子从小学会投资和理财就是教会他们生存能力的第一步。 这些在大多数中国家庭里很缺乏。 现在上海已经有培养孩子财商的教育机构，但如果父母可以在孩子开始独立生活时有意识地让他在实践中学会管理自己的财务岂不更好？ 所以在我孩子刚出国去读高中的时期，我就通过书信来指导和帮助他学会对自己的收入与支出进行记账，算账。 我们给他的钱要让自己掌管，我几乎是手把手地教他记账，不要小看这记账的习惯，这就让他有了财务的概念。 记账的习惯一直到现在他

　《越洋家书》的背后

都保留着，当然现在他是用 Excel 来做账。但一记账，他就懂得了钱的来源和去向，分析自己的财务状况，这比空洞地说教要好得多。

过去不谈钱，是没钱可谈。但随着国家的发展，家庭的富裕，财富的多元化，新一代的家长应该教会孩子有"钱"的概念，让孩子有掌握钱的能力，学习财富的知识，并有赚钱的能力和正确用钱的方法。这是我们这一代家长身上的重要责任。尽管我本人是在金融界工作却也缺乏这方面的知识，而在工作和生活中我意识到培养财商的重要性和自己对金钱管理知识的欠缺。所以，我希望在一个更开放的环境中让孩子早一点认识钱，学习赚钱，培养理财意识，并懂得如何投资和规划，培养自己挣钱养活自己的能力，只有对钱和财富有了正确的认识，才不会在财富和人生的选择中迷失自己，才能成为金钱的主人。

这里要特别提一下，和孩子讲财富不是说父母一定是富豪，也不是父母的财商要多高，而是要将财务独立的观念和理财能力灌输给刚开始独立生活的孩子。如果财商能力起步早，投资理念领悟早，事业意识萌生早，积累的经验也就会多一点，就不会一直依赖父母的支持，变成高学历但低能的"啃老族"。

在讲到钱的观念时，我还想给那些有打算送孩子出国留学的家长聊聊投资回报的话题。 很多家庭在孩子出国留学的问题上都很慷慨，觉得钱不屑一谈。 而且怎么可以和自己的孩子谈钱呢？ 但我认为教育是要谈投资回报，怎么能不谈投资回报呢？ 尤其是有孩子出国的那些家庭，每一年都要有巨额的学费和生活费支出，钱不能白白送给其他国家。 所以应该有一个合理的回报目标。 它包括孩子语言的提高，独立生活能力的提高，人脉资源的扩大，以及建立自己的信息平台等。 尤其重要的是孩子要意识到父母对他的培养，对父母的付出要有感恩之心，并在可能的情况下，努力申请奖学金和自己打工养活自己减轻家庭负担。 在决定是否留学这件家庭大事上，父母和孩子应该坐在一起进行讨论。 父母要告诉孩子家庭的财务状况以及支付孩子留学费用的计划，让孩子珍惜学习的机会。 如果父母羞于谈钱，孩子就不知道家庭在经济上的付出和这份付出所承载的希望。 现在大多数中国的家长就是给国外的孩子一张卡，要用钱就拉卡，没有一种精打细算的习惯。

在我儿子留学时，我让孩子一定要记账，知道哪些钱可以用，哪些钱不应该用。 同时也鼓励孩子去打工挣钱。 比如我儿子在普林斯顿读大学时，第一份工就是在食堂里打工，收拾大家的餐具，这也是一段很有意思的经历。 他读大学是有奖学金的，但学校规定拿到奖学金的同时就要在学校打工，我认为这是极好的规定。 第一份在食堂打工的工作，他当时有点不开心，说我为什么不能到图书馆打工，而是要到食堂里打工。 我跟他说了一句话，这份食堂的工作也可能是你人生当中唯一一次有机会在食堂里打工的机会。因为你毕业了，食堂不会让你再去打工，因为人家不会愿意雇佣这么高学历的人在食堂做小工。他一想也对啊，这次机会多么宝贵啊。当你把人生都当作一种经历的时候，你对所有的事情都可以快快乐乐接受，他在那里打工打得很好，而且还做了一个小头头，接着第二份工是到图书馆，第三份工给孩子上中文课……四年大学生活中他一直在打工，除了学校打工，他也自己去寻找打工的机会。我们要鼓励孩子做他能做的一切事情，通过劳动自己能挣钱，他是很自豪的。

所以家长重视孩子的财商学习、学习理财很重要，越早起步越好。这个不是说期望孩子要一夜暴富，而是真正懂得了金钱的意义以后去避免做金钱的奴隶。不把追逐金钱当成人生的最终目标而是把钱作为实现我们人生目标的工具。有句话说，钱不是万能的，但没有钱是万万不能的。所以我们的父母在金钱问题上可以更开放一点，多和孩子讨论钱的用途以及让孩子早早接受投资回报的理念。给孩子开个账户，让他对自己的钱（包括压岁钱）进行管理。这样做的好处是什么？每一段时间做一个账单，看看自己哪些地方花费是多少，哪些是不该花的，对自己进行反思、约束，这也很重要。现在整个世界处于动荡中，挣钱的机会不及前30年那么容易。所以要摒弃挣快钱的想法，实实在在地做好自己的工作，管理好自己的钱袋，该是你的最终还会是你的，而不是你的，即使到手了，也还是会失去。正确的金钱观会让我们这一辈子活得安心。

如何抗压

最后我想讲一下如何抗压。就我过去几十年的人生经历，我觉得无论一个人如何优秀，都抵不过一旦扛不住压力而产生的心理和生理的疾病，严重的甚至会轻生。学会抗压最重要。前一段时间有朋友跟我说，疫情、高考，一些很优秀的孩子扛不住压力跳楼了，很令人痛惜。我不知道你们记不记得，几年前在杨浦大桥上，一个家长开车时一直在批评自己的小孩，结果那个孩子把车门一开就跳下去了。每次听到这些悲剧我都很心痛，父母就这么一个孩子，可以设身处地去想，父母因为教育的方式不合适才会导致这样的悲剧，但后悔已经来不及了。

抗压不仅仅是孩子的事，也是我们当父母需要不断学习的。家长都应该学起来，去了解怎么样减轻压力，自己首先要减压，不把压力传递到孩子身上。我儿子到了普林斯顿以后，他的压力非常大。普林斯顿的数学系是世界上最好的数学系之一，可以碰到很多天才，但他不是天才。天才和人才的区别就是，可能人才需要去努力、需要研究两天的东西，天才两个小时就做出来了，这个区别很大。所以他在那边的压力非常大。他的一些同学也是这样，压力很大以后一些同学就休学一年或者转系了，他们是数学系转到金融工程相对容易，金融工程对

　《越洋家书》的背后

数学的要求相对比较简单一点，虽然数学知识也需要，但是不像数学系要求那么艰深。他当时的压力非常大，有时跟我讲话的口气非常不好。我不在他的环境里，不了解他有多大的压力，但是我觉得我无法跑进你的环境中去理解你，你就对我这样子，彼此之间就会出现因无法体会对方的处境而出现矛盾。我后来问他你现在跟你父母讲话的态度，是不是因为你压力太大？我是你父母，我没有办法选择，以后你老婆受得了你吗？你以后这样会不会把一个家也搞掉？所以你必须学会自我解压，自己寻找一些解压的方式，找人聊天，或者去运动，不要压在心中，因为压力无所不在，如影随形，会跟随一辈子。

事实上我也是一直在压力中走过来的。在复旦当老师时，还没有什么不稳定的感觉，反正自己的课程自己上好就可以。后来出来到了外资银行做的时候，就遇到了裁员的事情。这给我留下了很深的印象。一个同事周五跟我讲好下周一一起拜访客户，但是我周一到了银行以后发现他的座位已经收拾得干干净净的。后来同事告诉我星期五下班后老板叫他进去，他被裁了，什么个人的东西都要在人事处的监督下立马拿走，我当时一下子就惊呆了，这也是人生第一次经历这样裁员的过程，我开始有一种强烈的不安全感。时常担心哪一天我也被裁。一开始我就想能不能找一个稳定一点的工作，宁可工资低一点。于是我就跳了一次槽。当时新单位的老板还信誓旦旦地说我们银行不会裁员的。但是不久之后银行开始合并，在中国也开始裁员，此后每合并一次就会有裁员。我开始意识到，在一个大变革的时代，裁员就是家常便饭，我想追求稳定的想法已经不太可能，所以只能适应这样不稳定的生活。20年过去了，现在我们常听到的话就是，未来唯一确定的事就是不确定。

记得那几年一直经历外资银行合并裁员时，我觉得自己就像一个小孩在沙滩上跑，想躲避后面奔涌而来的巨浪，而巨浪始终追赶着你，你永远逃不开那个浪。之后我意识到与其想躲避风浪，不如自己学会游泳与风浪共存。也就是说，要有自己独特的才能，这个独特的才能或许就是你的技术好，或许就是你的市场营销能力强，或许就是你的笔头创意好，你一定要有一个核心的特长，这个跟你读什么学校没有什么关系，你要练就自己的看家本领。这样我们就可以变被动为主动，从被用人单位选择变成你去选择用人单位。我在2010年儿子毕业时写道，我们之所以没有被这巨变的浪潮吞没，我觉得主要来源于我们拥有一个开放的心态，并且不断学习，不断思考，及时修正自己的认识以适应时代的变迁。一直以来，我一直灌输这个思想给他。要学会放弃，勇敢地从头开始。一旦整个新的技术把你这个行业全部颠覆了以后，你要学会从头开始，人生是美好的，不要怨天尤人，而要抓住机会去历练。

一旦处于经济下行，很多中年人怨天尤人，当裁员轮到自己时才发现自己过去的支出远超过了收入。尤其是房贷和孩子的读书的支出都给家庭造成了很大的负担，这里我还想多提一句，中国古语中的"量入为出"和"留有余地"就是告诫人们在经济繁荣时也要未雨绸缪，这是对的，也是生活"度"的掌控。这也是我上面提到的"理财"的一部分。到现在我们也时常提醒儿子在消费和投资上要考虑资可抵债。他也是这样做的。这就会减少很多压力的产生。生活需要细水长流。

孩子在读书期间受到的竞争压力只是今后无数压力的开始。但家长要教孩子的不是一味地"扛住"，而是要和他一起想办法去释放压力，转移注意力，用正确的方式与压力共处。在我和儿子的通信中我专门讲到了如何抗压的问题。事实上，压力并不是一个坏事。很多时候压力是自己要求进步的一种表现，有压力才有动力，所以不要一味地排斥压力。但当自己发现压力过度已经影响到自己的情绪、身体、睡眠、工作时，就要去减缓压力。古人说，退一步海阔天空，这是最好的对待压力的方式。退一步不是逃避，而是换一种思路，换一种解决问题的方式。中国文化提倡"以柔克刚"，这些都是父母应该和孩子一起学习的好方法。这里我们还要强调父母自己首先要学会抗压。

要让孩子正确面对压力，光靠说教是没有用的，因为这是一个整体看待生活看待世界的问题。如果从根子上让他学会热爱生活，他就会坦然、淡定、自嘲、放松地去看待生活，他就会懂得没有过不去的坎，就如黑夜总是会过去的一样，而只有生命才是最可贵的。学习面对压力的过程也是学习热爱生活的过程。这方面，我觉得很多家长是很忽视。我知道很多00后的孩子都有抑郁的倾向，所以，让孩子学会抗压，要从父母做起。

作为家长，父母要把对自己人生经历的思考和社会上需要的人的品行教给他，可能这些品行学校并不注重。当孩子有问题时，不要站在他的对立面，而是和他坐在一起，跟他说，孩子你有什么需要我帮助的，我一定尽力。不要把考试当成是父母和孩子之间关系的筹码，这就变成了你是为我考试，你是为我的面子考试。人生是他的，你只是为他建立起一个让他走得更高、走得更远的平台。我常对人说这样的话"妈妈的格局决定了孩子的高度"，现在看来这样说是没错的。我遇到的阳光、善良、热情的孩子背后都有一个"心大"的妈妈。所以妈妈爸爸都要不断地学习，要不断地纠正自己的旧观念、不断地和孩子互动，这样孩子的眼界、心胸也会变得开阔、开朗，懂得感恩。

这个世界很内卷，这个世界很动荡。打开历史的长卷，其实每个时代都有自己的问题和困难。但由于我们每个人都只活在一个时期，生命又如此短暂，所以一不小心，就会觉得自己是那个最委屈、最不得志、最不顺的人。这实际上和一个人如何看待事物的角度有关。 同样一个只装半杯水的杯子，有人说只剩半杯水，有人说还有半杯水。 而我希望自己的孩子是后者，也就是永远用阳光和乐观的态度去看待困难和挫折。 热爱生活，热爱生命。

今天就讲到这里。 谢谢大家!

后 记

党的二十大报告绘就了中国式现代化的宏伟蓝图，吹响了新时代的嘹亮号角，也为家庭教育事业指明了发展方向。家国命运紧密相连，中国梦就是家庭梦。中国式现代化自然包括家庭建设与家庭教育的现代化。习近平总书记在同全国妇联新一届领导班子成员集体谈话时强调，家庭和睦、家教良好、家风端正，子女才能健康成长，社会才能健康发展。关心家庭教育、支持家庭教育、宣传家庭教育、服务家庭教育是全社会的共同责任。

肩负这一职责与使命，自 2014 年起，"上海市家庭教育高峰讲坛"由上海市妇女联合会、上海社会科学院和新东方教育科技集团共同创办。由上海社会科学院社会学研究所、上海市家庭教育研究中心、新东方上海学校承办。并得到了上海市浦东新区妇女联合会、上海市教育科学研究院、上海市儿童发展研究中心、中国福利会少年宫、上海图书馆讲座中心、上海人民广播电台《海上畅谈》节目等单位的大力支持。

讲坛举办至今，从多种角度出发积极探索和建立现代家庭教育理论体系，指导家庭教育的理论与实践，促进和实现家庭教育工作发展。十年百场，讲坛通过线下讲坛、线上直播等模式着力提升高质量、高标准、高覆盖的讲坛内容,听众逐年增长。讲坛已成为沪上乃至全国家庭教育宣传、普及与推广的靓丽名片,充分发挥着家庭教育宣传主阵地的重要作用。

本书是根据 2022 年和 2023 年暨第九届和第十届讲坛部分专家精彩演讲的内容汇编而成,旨在普及科学的家庭教育知识,帮助家长树立正确的家庭教育观,从而为下一代营造一个更健康、和谐的成长环境。

上海市妇联副主席、市家庭教育研究会会长王剑璋、上海市妇联副主席张庆玲先后对高峰讲坛开展提出了许多建设性意见。上海市家庭教育研究中心主任、上海社科院社会学研究所杨雄研究员负责讲坛的整体策划,上海社科院社会学研究所魏莉莉副研究员负责讲坛的联络及组织协调,上海人民出版社罗俊华承担了本书的编辑工作。在此一并表示真诚的感谢!

因本书出版时间较紧,书中难免疏漏与不当之处,敬请读者批评指正。

编者

2024 年 6 月